Die Französische Revolution
in dem Politischen Journal
des G. B. von Schirach

Vierter Teil: 1794 (bis 28.07.)

herausgegeben von Norbert Flörken

Der Text folgt der Vorlage der BSB München, siehe Anhang Seite 143. Die Rechtschreibung und Zeichensetzung der Druckvorlage sind weitestgehend beibehalten worden; allerdings ist die Rechtschreibung der Vorlage uneinheitlich, hauptsächlich bei den französischen Wörtern. So heißt es „Committe/Committée", „generale/générale" und Mischformen.

Der Text der Vorlage ist in einer Serifenschrift gesetzt, die Anmerkungen und Erläuterungen des Herausgebers in dieser serifenlosen Schrift. Die Anmerkungen des ›Politischen Journals‹ stehen in » «. Die Angaben zu Sachen oder Personen sind dem Portal Wikipedia entnommen, die Portraits sind entnommen (de Lamartine 1847) oder aus gallica.bnf.fr.

Impressum
Bibliographische Information der Deutschen Nationalbibliothek:
Die Deutsche Nationalbibliothek verzeichnet diese Publikation in der Deutschen Nationalbibliographie, detaillierte bibliographische Daten sind im Internet über http://dnb.dnb.de abrufbar.
© Norbert Flörken
Herstellung und Verlag:
BoD – Books on Demand, Norderstedt
ISBN 9783751904490

Politisches Journal
nebst Anzeige von gelehrten
und andern Sachen

herausgegeben von einer
Gesellschaft von Gelehrten

Hamburg 1789 ff

Die Zeitschrift ›Politisches Journal nebst Anzeige von gelehrten und andern Sachen‹ (in der Regel nur als ›Politisches Journal‹ bezeichnet) war eine der ersten Zeitschriften Europas. Sie erschien zwischen 1781 und 1840 in Altona (damals Holstein, heute Stadtteil von Hamburg) und wurde von einer Gesellschaft von Gelehrten unter der Leitung von GOTTLOB BENEDIKT VON SCHIRACH (1743–1804), später von seinem Sohn WILHELM BENEDICT VON SCHIRACH (1779–1866) bis 1840 herausgegeben. Das ›Politische Journal‹ entwickelte sich zu einer der damals auflagenstärksten Zeitschriften in deutscher Sprache und wurde zu ihrer Hochzeit als eine der besten und bedeutendsten Zeitschriften in Nord- und Mitteldeutschland beurteilt. Zu den Lesern des ›Politischen Journals‹ gehörte u. a. JOHANN WOLFGANG VON GOETHE.

Inhalt

EINLEITUNG 7

Januar 1794 10
Besondere Anekdoten von der Arretirung der Königlichen Französischen
Familie zu Varennes; und von verführten Priestern 10
Möglichst genaue Bericht von den Treffen und Kriegsbegebenheiten am
Rheine 13
Frankreichs fortdauernde Verwilderung, Tyranney und Greuel-Scenen 19
Krieg der Teutschen gegen die Franzosen, in den Niederlanden und am
Rheine 27
Eine unterdrückte Anekdote von der Königin von Frankreich 29
Nachrichten von verschiedenen Ländern. Frankreich 30

Februar 1794 32
Was zu Toulon in Ansicht der Regentschaft, und der Einladung des Grafen
von Provence vorgegangen 32
Frankreichs Barbarey, und Tyranney. Begebenheiten 35
Französischer Krieg. Fortsetzung. 43
Frankreich 45

März 1794 47
Ueber die gegenwärtige streitbare Volksmenge in Frankreich, und einige
Erläuterungen 47
Aufklärungen und Entdeckungen eines Französischen Republikaners, und
Adjudanten des Generals Dampiere 48
Frankreichs wilder Zustand, und Begebenheiten, bis zum 10ten März 55
Französischer Krieg. Fortsetzung 64

April 1794 66
Aufklärungen und Entdeckungen eines Französischen Republikaners.
Beschluß 66

Frankreichs neue Revolutions-Scenen; und wilder Zustand   72
Französischer Krieg. Fortsetzung   87

Mai 1794   **88**
Siege des Kaisers über die Franzosen. Schlacht bey Landrecy. Allgemeine dreyfache Schlacht in der Ebene von Cambresis, bey Catillon. Eroberung der Festung Landrecy. Siege an mehrern Orten. Glorreicher Fortgang der Alliirten Waffen   89
Frankreichs Mord- und Revolutions-Scenen. Erklärung der Vernichtung des Völker-Rechts. Neue seltsame Religion, Secte. Robespierres Tyranney. Ermordung der Prinzeßin Elisabeth   92

Juni 1794   **99**
Genauere und neueste Berichte von dem Kriege der Royalisten in der sogenannten Vendée   99
Fortgang der Alliirten Waffen gegen die Franzosen. Viele, und große Schlachten, und blutige Treffen; täglich vom 17 Mai, bis 4ten Junius. Siege der Alliirten   99
Robespierres Monarchie, Tyranney, und Elend in Frankreich   99
Aus einem Schreiben von Paris, vom 13 Junius   105

Juli 1794   **106**
Aufklärende Nachrichten aus der Vendée. Von beyden Seiten   106
Robespierres Herrschafts-System. Tyranney. Verwüstung Frankreichs   110
Französischer Krieg   117
Frankreich   118

August 1794   **119**
Robespierres Ende. Genaue und zuverläßig-umständliche Geschichte der neuen Revolution in Frankreich   119
Schilderung des Robespierre   135

ANHANG   143

Digitalisate   143
Im Text namentlich genannte Personen, die durch die Guillotine in Paris oder Lyon hingerichtet wurden   143

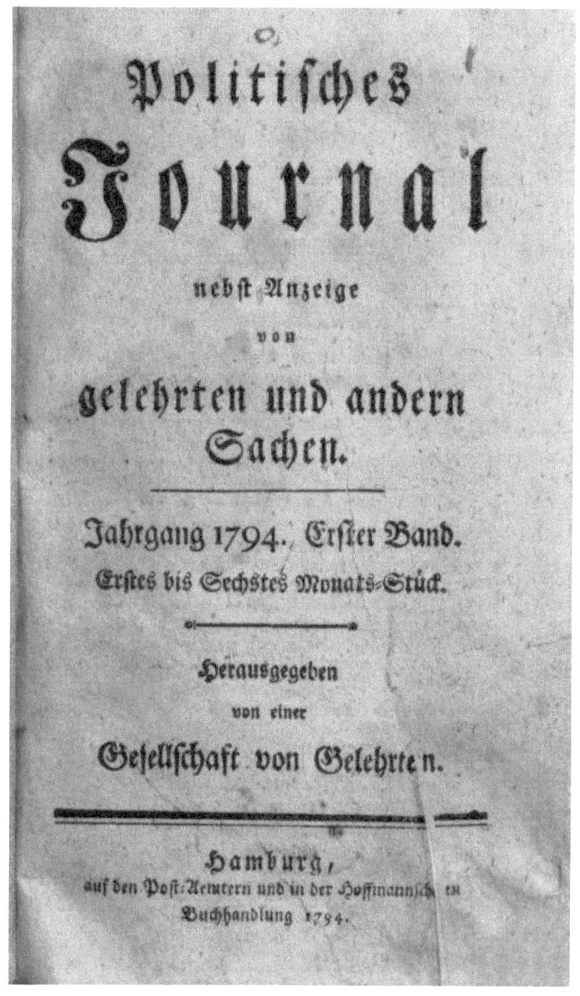
Politisches
Journal
nebst Anzeige
von
gelehrten und andern
Sachen.

Jahrgang 1794. Erster Band.
Erstes bis Sechstes Monats-Stück.

Herausgegeben
von einer
Gesellschaft von Gelehrten.

Hamburg,
auf den Post-Aemtern und in der Hoffmannschen
Buchhandlung 1794.

Einleitung

Das ›Politische Journal‹ des Gottlob Benedikt von Schirach[1] ist
– neben Schlözers ›Stats-Anzeigen‹ – ein wichtiges Zeitdokument für
das ausgehende 18. Jahrhundert, und hier insbesondere für die Französische Revolution. Ebenso wie Schlözer, auf den das ›Journal‹ öfters
– kritisch – Bezug nimmt, beschreibt das ›Journal‹ in (Korrespondenten-
) Berichten die Lage in dem – vorsichtig ausgedrückt – unruhigen Nach-
barland. Die Verfasser/Redakteure machen keinen Hehl aus ihrer Be-
stürzung über das Chaos in Paris und in Frankreich und belegen dies
auch mit detaillierten Nachrichten aus dem ganzen Land – Informatio-
nen, die in dieser Tiefe vielleicht nur dem ausgewiesenen Kenner und
Spezialisten der französischen Geschichte vertraut sein dürften.

Die Verfasser der Berichte sind durchweg konservativ – dem
Adel oder der Krone freundschaftlich zugewandt, und je länger desto
mehr entsetzt über das Chaos, das sich in Frankreich ausbreitet. Das
Wort „Anarchie" taucht zum ersten Mal Ende Juli 1789 auf – „Chaos" im
September 1789 – und verbleibt konstant in den folgenden Berichten;
dabei werden diese Begriffe – auch „Gährung" – in Zusammenhang gesetzt mit der Nationalversammlung. Deren Leistungen, z. B. die Proklamation der Menschenrechte und die Abschaffung des Feudalismus –
werden verkannt. Im Laufe des Jahres 1791 nehmen die ironischen Bemerkungen immer mehr zu, übrigens auch im Schriftbild die Ausru-
fungszeichen; „Philanthropie" und „Philosophie" werden gleichsam
Schimpfwörter.

Die kleine, hier veröffentlichte Serie endet mit dem Tode
Robspierres.

---

[1] Gottlob Benedikt von Schirach (* 13. Juni 1743 in Holzkirch; † 7. Dezember 1804 in
Altona) war ein Historiker und Publizist, Professor der Geschichte und Politik in Helm-
stedt. Er wurde 1776 in den erbländisch-österreichischen Adelsstand erhoben, trat 1780
in dänische Dienste und wurde dänischer Legationsrat.

Politisches Journal

1794

Januar 1794

Besondere Anekdoten von der Arretirung der Königlichen Französischen Familie zu Varennes; und von verführten Priestern

Stück 1, # 05, Seite 30 ff

Folgende Anekdoten von der Gefangennehmung Ludwigs des XVI. und seiner Königl. Familie zu Varennes am 21 Junius 1791, welche die in unserm Journale gleich damals geäußerten Vermuthungen und Anzeigen {S. Jahrg. 1791, S. 689 u. ff.} bestätigen, sind von einem Augenzeugen, nachdem der berüchtigte Drouet den Oesterreichern in die Hände gefallen war, bekannt gemacht worden.

Es standen Detaschements von Husaren zu St. Menehoud, und zu Clermont; ein Trupp Husaren von Lauzun war zu Varennes. 40 dieser Husaren giengen den 20 Junius nach Chalons, dem Königlichen Schatze {d. h. dem Wagen des Königs} entgegen. Diesem Wagen sollte immer auf eine halbe Stunde voraus ein gewisser Coglas gehen, der von Bouillé als Adjudant gebraucht wurde. Dieser Coglas eben wurde der Verräther, und überlieferte den König seinen Feinden. Der Königl. Wagen langte am 21sten Junius Nachmittags zu St. Menehoud au. Der Postmeister Drouet giebt die Pferde. Der Wagen fährt ab. Die Dragoner wollen folgen. Da zieht Drouet ein Assignat aus der Tasche, sieht das Bildniß des Königs darauf an, und sagt zu den Dragonern, er glaube daß der König in dem Wagen gewesen sey, macht auch sogleich Lärmen in der Stadt, stellt sich an die Spitze des zusammengelaufenen Volks, und nöthigt <31> die Dragoner, zu St. Menehoud zurück zu bleiben. Der König komt um 10 Uhr des Abends zu Varennes an. In dieser kleinen Stadt giebt es keine Postpferde, aber es standen schon seit 2 Tagen Relais-Pferde in dem Wirths-Hause zum großen Monarchen, dessen Besitzer ein vollkommen ehrlicher Mann ist. In diesem Wirthshause befanden sich der junge Bouillé und andre Getreue. Eine Stunde vor des Königs Ankunft kam daselbst ein gewisser Leonard an, ein Königl. Peruquier. Dieser sagte dem jungen Bouillé, er glaube gar nicht, daß der König von Paris abgereiset sey, wodurch Bouillé betrogen wurde. Unterdessen ward der Gemeinde-Procurator zu Varennes, der Lichtzieher Sauce, durch einen Courier von Drouet benachrichtet, daß der König ankommen würde, und was er thun solle. Sauce hatte auch schon Arbeitsleute vom Lande, und Leute aus der Stadt versammelt und bewafnet, ehe der König ankam. Er hatte diesen Leuten gesagt, daß sie eine Kriegskaße, die zur Armee gienge, bewachen sollten.

Ein sonderbar Schicksal war es, daß die Königin, die vor dem *Hotel de Gouvernement* gewißer Bedürfnisse wegen, halten ließ, und herein gieng, sich nicht dem Commandanten des Regiments von Condé, der damals in dem Hause wohnte, entdeckte: so würde die Königl. Familie gerettet worden seyn. Noch entscheidender war das Verhängniß, daß die Königin verlangte, der Wagen solle nach dem Wirthehause zum goldnen Arme fahren. Einer der gegenwärtigen sagt ihr: Nicht im goldnen Arme, sondern im großen Monarchen sind einige Fremde angekommen, die auf Leute aus Paris warten. Aber die Königin besteht, zu ihrem Unglücke, darauf, daß man in den goldnen Arm fahren soll. In diesem Wirths-Hause war schon alles zu Bette gegangen. Es liegt in dem niedern Theile der Stadt Varennes, an einer engen Gaße, die leicht zu besehen war; dieser niedere Theil von Varennes wird von dem obern höhern Theile der Stadt durch einen Fluß, geschieden, über dem eine Brücke geht. Indem man {welches wohl zu bemerken ist} die Leute in dem Wirthshause zum goldnen Arme, <32> nicht erwecken kann, so sehr auch geschrieen und gepocht wird, und so fast eine halbe Stunde vergeht, kommen zwey Menschen in vollem Galoppe an die Königliche Kutsche herangesprengt. Es ist der Postmeister Drouet, und einer Namens la Hure. Die Königin fragt, wer diese Leute sind; wie sie die Namen hört, sagt sie sogleich sachte zum Könige: „Wir sind verlohren." Indem die Königlichen Personen eben aussteigen wollen, da endlich {zur bestimmten Zeit} die Leute in dem Wirthshause zum goldnen Arme wach werden, präsentirt sich Monsieur Drouet vor dem Kutschen-Schlage, mit einer geladnen Pistole, und einige Leute fallen den Pferden in die Zügel. Man sagt dem Könige daß er arretirt sey, ohne weiter was zu sagen. Sogleich komt der Lichtzieher Sauce heran, nimt die Königin und Madame Elisabeth an den Armen, und führt sie nach seinem Hause. Der König geht mit andern Begleitern nach. Unterdessen hatte man die Brücke, die aus dem niedern Theile der Stadt in die höhere führt, mit umgeworfnen Wagen dergestalt barricadirt, daß die Königlichen Getreuen im Wi[r]thshause zum goldnen Monarchen, nichts von allen dem, was in dem niedern Theile der Stadt vorgieng, erfuhren, bis früh gegen Morgen. Sie waren durch die oben angeführte falsche Nachricht des Leonards irre gemacht worden, und nun desto sichrer, da der bestimmte oben erwähnte Vorläufer Coglas gar nicht ankam.

Diese Anekdoten klären das Complot auf, wodurch der König verrathen wurde, und deßen Quelle in Paris war. Dort wurde allgemein behauptet, daß Fayette der Urheber von allem sey. Es ist wahr, daß die Königin in ihrem letzten Verhöre Fayetten nicht als Theilnehmer angab. Aber dieß beweißt nur, daß die Königin selbst nicht wußte, daß Fayette im Spiele war, und sie durfte es auch nicht wissen, wenn Fayette sie nachher auf der Flucht arretiren lassen wollte. Bekanntlich ließ Fayette die Arretirung zu Varennes durch einen seiner Adjutanten autorisiren.

Er [=Drouet] ist am 4ten Januar von der Citadelle zu Magdeburg, unter Escorte nach Schlesien, auf die Festung Glaz abgeführt worden.

Möglichst genaue Bericht von den Treffen und Kriegsbegebenheiten am Rheine

Stück 1, # 06, Seite 34 ff

Alle Kriegsbegebenheiten am Rheine haben in den letzten Tagen des vorigen, und dem Anfänge des gegenwärtigen Jahrs einen Theil Teutschlands in Schrecken und <35> Unruhe gesetzt, indem ein andrer Theil alles das Unglück erlitten, welches den Krieg mit den jetzt verwilderten Franzosen auszeichnet.

So sehr diese, an sich selbst, und durch ihre Folgen, wichtige Begebenheiten eine genaue Erzehlung der Umstande erfordern, so wenig kann und darf jetzt schon alles gesagt werden. Die künftige Geschichte wird noch viel von jenen Tagen, vom 22sten bis 27sten December, zu erzehlen haben, was für sie aufbewahrt bleiben muß. Manches ist noch dunkel. Manches würde Widerspruch haben so sehr wahr es auch ist. Einige Umstände sind von der Art, daß man sie lieber unterdrückt, als erzehlt, da geschehne Dinge doch nicht ungeschehn gemacht werden können. Wir haben außer den öffentlich bekannt gewordnen Nachrichten mehrere Privat-Nachrichten und Briefe über jene Vorfälle vor uns liegen. Wir wollen daraus eine möglichst genaue Erzehlung geben.

Die herrschende Parthey in Paris hatte, um sich zu erhalten, Sieges-Nachrichten von den Armeen, unumgänglich nöthig. Landau war ist Gefahr verloren zu gehn, und mit dem Verluste von Landau wäre auch der Credit der herrschenden Parthey verloren gewesen. Da es ihr nun auf die Wahl der Mittel gar nicht ankomt, und da sie Menschenblut, und Menschenvertilgung für nichts achtet, so gebrauchte sie den allgemeinen Aufstand von allen jungen waffenfähigen Menschen in ganz Frankreich, wodurch die 14 französischen Armeen zusammen auf 900,000 Mann stark wurden, zu ihren Endzwecken. Sie ließ die Mosel-Armee durch viele tausende, theils auf dem Lande zusammengetriebne junge Leute, theils durch ein Corps der Armee in den Niederlanden verstärken; diese Armee ließ sie zu der Rhein-

Armee stoßen, die sich ebenfalls durch zusammengetriebne Bauern aus dem ganzen Elsaß sehr vermehrt harte. Beyde vereinigte Armeen machten ein Heer von mehr als 130,000 Mann aus. Die beyden Französischen Generale, Hoche[2], und Pichegru, gebrauchten nun Mittel, die bey regulirten Truppen nicht angewendet werden können. Sie griffen die Kaiserlichen Truppen vier Wochen lang, fast täglich an, täglich mit <36> abgewechselten frischen Leuten. Erfahrne Generale vermeiden möglichst diesen so genannten kleinen Krieg, der immer Menschen kostet, ohne daß viel ausgerichtet wird. Aber die Französischen Anführer achten die Menschen nicht, und ihre Absicht war, durch diese unaufhörlichen, oft mördrischen Gefechte die gar nicht starke Kaiserliche Armee zu ermüden, und aufzureiben, um bey einem endlichen allgemeinen Angriffe desto leichter durch die Uebermacht der Zahl zu siegen. Bey den Angriffen selbst wurden die Franzosen durch starke Getränke immer betrunken gemacht, so daß sie wie toll in das feindliche Feuer liefen. Der Pariser Wohlfahrts-Ausschuß hatte den Truppen, wenn sie Landau entsetzten, drey Millionen zur Vertheilung unter sie versprochen. Nach dem Entsatze hatten sie auch Hofnung in Länder zu kommen, die ihren Hunger stillen und sie bekleiden, und beschuhen könnten. – Alles dieses gab den Angriffen von 18 November bis 22 December fortdauernde Wirkung.

Die Kaiserliche Armee, die fast immer unter die Waffen treten, und fechten mußte, die nie Ruhe geniessen konnte, und dieß in einer so harten Jahrszeit, in welcher sie die Erholung der Winterquartiere so nöthig hätte, mit welchen auch schon der Anfang gemacht worden war, kam in der Mitte des Decembers in eine so üble Lage, daß der General Wurmser selbst nach Wien meldete, daß, wenn Landau sich nicht bald ergäbe, und der Feind, der immer frische Mannschaft erhielte, und sich nichts draus mache, tausende aufzuopfern, seine Angriffe fortsetze, er in die Länge seinen Stand nicht behalten könne, sondern sich zurück ziehen müsse. Es ist wahr, daß man die Bemerkung machte, seine Linien wären zu sehr ausgedehnt, und seine Position gegen eine so ungeheure Uebermacht zu unsicher, und daher ein

---

[2] Siehe (Flörken, Staatsakte und Leichenfeier zu Ehren des Generals Hoche 1797 2017).

Rückzug zu rathen. Der Herzog von Braunschweig soll auch diesen Rath gegeben haben. Er kam jedoch selbst mit einem Theile der Preußischen Truppen von Lautern nach Anweiler, und deckte bey Bergzabern den dortigen Kaiserlichen Cordon. <37> Nach vielen Niederlagen, welche die Franzosen, die gewöhnlich berauscht, mit einem erschrecklichen Geschrey attaquirten, erlitten hatten, besonders am 16ten December, da die angreifenden Haufen von Bauern von den hinter ihnen befindlichen National-Garden, und Linien-Truppen wie das Vieh zur Schlachtbank getrieben und hingestreckt wurden, gelang es ihnen endlich, am 22sten December an einem Orte den Kaiserlichen Cordon durchzubrechen. Dieß geschahe auf den Posten in Freschweiler, bey Wördt {oder Werth}. Er wurde von 20,000 Mann Franzosen mit solcher äußerster Heftigkeit angefallen, daß ohnerachtet der besten Vertheidigungs-Anstalten, und der unerschrockensten Gegenwehr der Kaiserlichen Truppen, der General Hoze sich genöthigt sahe, der Uebermacht zu weichen, und sich auf den Liebenfrauenberg bey Wördt zurückzuziehen. General Wurmser gab darauf diesem Corps die Ordre, in der Nacht bis hinter der Sur zurück zu marschiren. Ohnerachtet der ganze linke Flügel, und der Mittelpunkt der Kaiserlichen Armee gar nicht zum Gefechte gekommen war, so hielt General Wurmser doch für gut, da die eine Flanke nun offen war, sich mit der ganzen Armee zurückzuziehen. Er wollte seinen rechten Flügel an den des Generals Hotze anstoßen lassen, bekam aber früh am 23 December die Nachricht, daß General Hotze sich bemüßigt gesehen habe, den Liebenfrauen Berg in der Nacht zu verlassen, und sich neben den auf der Scheerhöle, unweit Roth postirten Preußischen Truppen, auf dem Geisberge zu stellen.

Nach dem Preußischen Berichte verließen die Preussischen Truppen den Posten bey Lembach nicht eher, als am 23sten, da General Hotze sich in der Nacht von dem Liebenfrauen-Berge weggezogen hatte, und die Communication dadurch getrennt war. Die Preußen hatten den Tag vorher, am 22sten, auch, bey Lembach einen starken Anfall der Franzosen gehabt, welche einen der Kreenberge einnahmen, aber gegen Abend wurden sie wieder von da weggetrieben. Der Herzog

von Braunschweig soll gerathen haben, in der Position zu bleiben, und
die Franzosen anzugreifen. Da aber General Hotze <38> diese Position
verließ, so ließ der Herzog von Braunschweig auch sein Corps über
Klembach, und nachher über die Lauter gehen, und stand am 26 Dec.
bey Belloborn, und Birkenfeld. Auf dem Marsche wurden seine Truppen einige male angefallen, aber die Feinde immer mit Verluste zu-
rückgetrieben, und eine Anzahl Gefangne gemacht.

Die Kaiserliche Armee zog am 23sten Dec. über die Sur, lagerte
sich bey Sulz, und gieng am folgenden Tage auf die Höben von Weißenburg. Die beyden Armeen, die Kaiserliche und Preußische standen,
am 25sten Dec. nebeneinander. Es wurde eine starke Recognoscirung
von beyden Theilen unternommen, wobey eine Menge von Franzosen
niedergehauen, und gefangen genommen wurden.

Es wurde beschloßen, daß am folgenden Tage, den 26sten Dec.
die Kaiserliche Armee den Franzosen eine allgemeine Schlacht liefern
sollte, wobey die Preußen Antheil haben sollten. Schon waren Preußische Truppen vorgerückt, als es hieß, daß der Angrif nicht statt haben
würde, und die Preußischen Truppe sich allso wieder zurück zogen.
Es waren jedoch schon von der Kaiserlichen Armee 7 Bataillons, nebst
8 Divisionen Cavallerie gegen Schlichthal[?], in eine geringe Entfer-
nung von den Franzosen vorgerückt, sie standen in einer schrägen Stellung, der linke Flügel gegen Schlichthal, und der rechte mehr gegen
den Geisberg gerichtet. Die Franzosen fiengen gegen diese Truppen
ein heftiges Kanonenfeuer an, weshalb sie sich auf den Geisberg zurückzogen. Hierauf kamen die Franzosen von den Anhöhen herunter,
und drängten die Kaiserlichen Truppen aus allen ihren Stellungen
durch wiederholte Attaquen, mit einer großen Uebermacht und einer
zahlreichen wohlbedienten Artillerie. Acht Kaiserliche Reserve-Batail-
lons, welche der Herzog von Braunschweig selbst nebst einem Corps
Preußen anführte, bekamen eine solche Position, und machten ein so
starkes Artillerie-Feuer, daß dadurch die Franzosen abgehalten wurden, bis nach Weißenburg vorzudringen. In der folgenden Nacht zogen sich die Kaiserlichen bis nach Freckenfeld. Das Preußische Corps
marschirte am 27sten <39> Dec. nach Bergzabern. Die Kaiserliche Armee zog am 28 nach Speyer, und gieng am 29sten Dec. von

Philippsburg an bis Mannheim, an mehren, Orten über den Rhein. Am 30sten zogen noch haufenweise, Infanteristen, Cavalleristen, Artilleristen, Gepäcke, an Mannheim vorbey. Die Kaiserliche Armee sammelte sich bey Schwezingen, und Heidelberg. Die schwere Artillerie wurde zu Rohrbach postirt, zwischen dem Rheine und Nekar, bey Heidelberg; ein anderer Artillerie-Parc von fast 100 Stück wurde im Brüßelschen Garten, außerhalb Mannheim aufgepflanzt.

Unter diesen Umständen mußte auch die Preußische Armee, bey welcher auch das Corps des Generals Kalkstein von Kaiserslautern angekommen war, sich weiter zurückziehen. Sie rückte gegen Mainz. Der Herzog von Braunschweig ließ sie eine concentrirte Position zwischen Oppenheim, Odersheim, und Altzey nehmen, wobey Mainz der Mittelpunkt, und beyde Flügel am linken Rhein-Ufer appuyirt waren, und zugleich Creuznach durch das Corps des Obersten Szeculi, und Bingen durch das Sächsische Corps besetzt wurden. Auf dem Rückmarsche schlugen die Preußen noch öfters die Detaschements, die sie beunruhigen sollten, und machten 84 Gefangne. Am 3ten Januar schlug der General von Rüchel bey Frankenthal ein Corps Franzosen, und trieb sie einige Stunden weit zurück, zog aber darauf sich über Worms näher an das Hauptcorps an.

Der Französische General Hoche gab in seinem Berichte von dem Treffen am 22 December an, daß er 14 Kanonen von den Kaiserlichen erobert, 300 Mann von ihnen theils getödtet theils verwundet, und 450Gefangne gemacht habe. Von der Schlacht am 26sten December meldete er, daß sie sehr heftig gewesen sey, und bis 5 Uhr Abends gedauert habe.

> Wir haben, sagt er, vier Kanonen, eine Menge Kriegsmunition und 14 Wagen mit Gepäcke, erobert. Zu Lauterburg fanden wir noch, setzt er hinzu, 14 Kanonen, und viel Munition. Auf dem Marsche hatte der Feind noch 2 Kanonen, und viele Wagen hinterlassen. Verschiedene Magazine, Flinten, <40> und andere Deute sind in unsre Hände gefallen.

Einen umständlichen offiziellen Bericht von Kaiserlicher Seite, hat man noch nicht, bis jetzt.

Privatberichte versichern, daß die Schlacht am 26 December den Franzosen viel Volk gekostet habe. Die tapfern Kaiserlichen Truppen waren aber, da sie bereits, über 5 Wochen, Tag für Tag, Angriffe von den Franzosen ausgehalten hatten, endlich abgemattet worden, und konnten der Uebermacht von mehr als 80,000 Mann die sie angriffen, nicht länger Widerstand leisten. Eine neue Stellung zu nehmen, und sich da zu vertheidigen, war bey der jetzigen Jahrszeit nicht mehr möglich. Und so mußte der General von Wurmser sich zum Rückzuge über den Rhein entschließen. Von allen Eroberungen der Kaiserlichen im Elsaß blieb ihnen nur noch die Festung Fortlouis übrig, in welche eine starke Besatzung gelegt wurde, und eine Artillerie von 110 Stück den Platz besetzte.

Die Franzosen zogen den wegziehenden Heeren nach, nahmen Weißenburg und Lauterburg ohne Schwerdtstreich ein, entsetzten Landau, und bemeisterten sich des ganzen Districts bis gegen den Rhein hin, von Hagenau herauf bis nach Worms hin. Die Noth und der Jammer stieg in allen diesen Ländern, auch im Zweybrückschen und bis gegen Kreutznach hin, aufs höchste. Der größte Theil der Anwohner, der davon kommen konnte, begab sich auf die Flucht. Die Franzosen forderten unerschwingliche Contributionen, nahmen allenthalben Kleider, Hemden, und Schuhe, so viel sie habhaft werden konnten, für sich hinweg, schleppten die vermöglichsten als Geißeln weg, das junge Volk zwangen sie zu ihren Waffendiensten, und. schickten es ins Innere des Reichs, und mißhandelten die Einwohner auf alle Art und Weise.

Ihre Kriegs-Absichten waren bis zum 8ten Januar noch ungewiß. Sie streiften allenthalben herum. An den erwähnten Tage rückten sie in 2 Colonnen gegen die Preussen an, um den Cordon bey Guntersblum, Altzey, und Kreutznach zu durchbrechen, wurden aber von dem Herzoge von Braunschweig mit so vielem Verluste geschlagen, <41> daß sie sich eilfertig bis hinter Cusel zurückzogen. Die nähern Umstände und die übrigen Kriegsbegebenheiten bey den teutschen Armeen, folgen weiter unten, in einem eignen Artikel.

Frankreichs fortdauernde Verwilderung, Tyranney und Greuel-Scenen

Stück 1, # 09, Seite 56 ff

Unaufhörliche Hinrichtungen einzelner Personen, Ermordungen in ganzen Haufen, auf Befehl der herrschenden <57> Parthey, durch Niederschießen, durch Ersäufungen in Schiffen, die mit Menschen vollgeladen, und dann auf den Flüßen in Grund gebohrt wurden, – Unruhen und wilder Streit durchs ganze Reich – Empörungen in vielen Departements – Kämpfe in Paris zwischen der unter sich selbst uneins gewordnen herrschenden Parthey – fortdauernde Verhaftnehmungen zu vielen tausenden – blutige Gefechte mit den Royalisten im nördlichen Frankreich, welche als vertilgt vorgespiegelt wurden, indem sie eben noch fürchterlichere Streiche unternahmen – Beraubung des Vermögens der Wohlhabenden – Aufhebung aller Handlung – Mangel an Lebens- und Kleidungs-Mitteln – ausgebreiteter höchster Jammer, und Scenen der Verzweiflung – das waren die zum 9ten Januar die inländischen Merkwürdigkeiten des verwilderten zerrütteten Frankreichs.

In Lyon giengen die Hinrichtungen in Menge fort. So schrieb Pelletier, Commißair des Convents, an denselben:

> Indem wir die Strafbaren durch die Niderreisungen der Häuser der Reichen, züchtigen, suchen wir den Geist der Einwohner wieder zu gebähren, allein die Zahl der Sans-Culotten ist nur gering in dieser Stadt. Wir haben, außer den Revolutions-Tribunalen noch 7 Richter ernannt, welche die Sachen schnell abthun. Den 14ten haben wir 60 niedergeschossen; den 15ten halten 208 dasselbige Schicksal, den 17ten wurden 70 todtgeschossen, und 8 guillotiniert, am 19ten hat die heilige und wunderthätige Guillotine {la sainte et miraculeuse guillotine} 13 Menschen kürzer gemacht, am 21sten haben wir 53 in Maße zusammen geschoßen u.s.w.

Dieses Schreiben wurde im Gemeinde-Rathe zu Paris, mit Jubel beklatscht.

Ausser den im vorigen Monate angezeigten, wurden am 20sten December wiederum 18 Geistliche in der Loire ersäuft. Die Wiedereinnahme von Toulon verursachte eben solche Scenen daselbst, wie in Lyon. Die Convents-Deputirten meldeten: „Man schießt hiermit aller Macht nieder, und alle Marine-Officiere sind schon vertilgt." Freron schrieb:

> Wir haben bereits 400 Bösewichter <58> todtschießen lassen,
> und die Gefängniße sind noch alle voll. Wir haben eine militairische Commißion errichtet, welche die Gefangenen zu Hunderten expediren wird {qui les expediera par Centaines}.

Barrere kündigte am 28 December dem Convente an, daß die Royalisten geschlagen wären, und daß man sie in Banden zu 100 und mehr Personen, in Nantes, Angers, und Saumur todtschieße. Zu Rennes war ebenfals eine Militair Commission niedergesetzt, welche unterm 31 Dec. meldete:

> Täglich werden die Verbrechen der Contre-Revolulionisten,
> und der Aristokraten gerächt. Die Urtheile sind schnell, und die
> Guillotine folgt eben so schnell darauf. Seit ungefähr 14 Tagen
> haben die militairischen Commißionen in dieser Gemeinde {zu
> Rennes} die Republik von mehr als 200 Rebellen befreyt.

Wie verzweiflungsvoll das Volk über diese Scenen geworden ist, beweisen die Beyspiele der in allen Provinzen entstandenen Unruhen und Insurrectionen, ohnerachtet aller dieser schrecklichen Beyspiele, wodurch man das Volk in Furcht setzen wollte. Von Lyon zeigten die Convents-Deputirte selbst an, daß, trotz aller so häufigen Hinrichtungen und Schreckniße, man daselbst das Reich der Jacobiner nicht befestigen könne. Die Einwohner zu Bordeaux bezeigten eben den Widerwillen gegen das gegenwärtige System. Die Convents-Deputirten schrieben, sie könnten die Stadt gar nicht zur Höhe der Revolution bringen. In den ersten Tagen des Januars kündigte man in Paris neue Unruhen an, welche in den Provinzen Auvergne und Limousin, ausgebrochen waren. Nach Orleans mußte die herrschende Parthey eine Revolutions-Armee schicken, um die Stadt im Zaume zu halten. Eben so waren große Insurrectionen in den Departements de la Marne, und de l'Aube, {in der Provinz Champagne} ausgebrochen, welche die dahin geschickte bewafnete Macht nicht hatte dämpfen können. In der Picardie, in der Normandie, in Bretagne, hatten sich viele Haufen gesammelt, die theils für sich, theils in Connexion mit der dasigen Royalisten-Armee, sich der Regierung des Convents widersetzten. Mallarmé, ein <59> Convents-Deputier, meldete, von daher, daß die meisten Einwohner auf dem Lande Aristokraten, und der Wohlthat der Revolution nicht werth wären. Und doch wagte es noch der Convent seine Regierung eine demokratische, eine Volks-Regierung zu nennen.

Indem diese Empörungen die Herrschaft des Convents in den Provinzen erschütterten, arbeitete derselbe um desto kräftiger durch die Guillotine, und Arretirungen {am 9ten Januar war die Zahl der Arretirten in Paris über 5,000} sich zu befestigen. Das Schrecken war täglich die Tage-Ordnung. So drückte man sich selbst im Convente aus. Welch eine Menge Menschen in Paris durch die Guillotine in jenen Tagen hingerichtet worden sind, kann man daraus abnehmen, daß der Policey-Commißair dem Gemeinde-Rathe meldete, der große Graben der bisher zur Beerdigung der Hingerichteten diente, sey ganz angefüllt, und könne keine Leichen mehr faßen. Man beschloß, einen andern Graben anderswo zu rechte zu machen. Die einzelnen tragischen Scenen bey den Hinrichtungen, waren jammervoll. In Lyon folgte eine Gattin ihrem Gemahle aufs Blutgerüste, und bat, sie anstatt ihres Mannes {Loyer} hinzurichten, da sie allein ihn zu allem wofür er sterben sollte, bewogen habe. Man warf die Flehende zum Schaffot herunter. Sie schwankte nach Hause, und erstach sich. Die Gattin eines andern zu Lyon Hingerichteten, Namens Faure, stürzte sich in die Rhone.

Von den zu Paris in dem letztern Zeitraume durch die Guillotine Hingerichteten wollen wir nur die vornehmsten hier nennen:

Der bekannte **le Brun** {sein eigentlicher Name war Tondu}, sogenannter Minister der auswärtigen Angelegenheiten bey der Hinrichtung des Königs, und zugleich Verfaßer der ›*Gazette de France*‹, in welcher er den Tod des Königs mit den Worten ankündigte: „Le Tyran n'est plus." Er schrieb ehedem das ›*Journal General de l'Europe*‹, und hatte Anhang in Lüttich, weswegen ihn die herrschende Parthey zum Minister machte. Er hieng nachher der Parthey Brißots an, und wurde mit ihr gestürzt. Es ist seiner im Journale öfters gedacht <60> worden. Er wurde am 28sten December guillotinirt, und mit ihm zugleich

der ehmalige Baron, nachherige Maire von Strasburg, **Dietrich**, von dem ebenfals im Journale mehrmals Erwähnung geschehen. Er wurde in den vorigen Jahren beschuldigt, daß er den Cardinal von Rohan, Bischof von Strasburg, habe wollen vergiften lassen,[3] und nachher den König von Preußen, durch den Zahnarzt Leveque.[4] Nachher schlug er sich zu der Parthey Pethions, und die Gegenparthey verdammte ihn als einen Mitverschwornen gegen die Einheit und Untheilbarkeit der Republik, zum Tode. –

Am 4ten Januar wurde der junge **Custine**, der Sohn des berüchtigten auch bekanntlich hingerichteten Generals Custine, welcher im Anfänge des Jahrs 1792 in Berlin, und in Braunschweig geheime Mißionen hatte,[5] wegen Einverständniße mit den innern und auswärtigen Feinden des Staats, zum Tode verdammt. Man meldete bey seinem Tode, in den Pariser öffentlichen Blättern, er habe gestanden, daß er Aufträge gehabt habe, im Namen des Königs und der damals herrschenden Parthey dem Herzoge von Braunschweig das Ober-Commando der ganzen Französischen Armee anzutragen, welches aber abgewiesen worden. –

An demselbigen Tage, den 4ten Januar, wurde der bekannte Marschall **Luckner**, durch die Guillotine hingerichtet.

Von den andern vielen Getödteten führen wir nur noch den bekannten **Biron** an, welcher in den ersten zwey Jahren der Revolution eine ausgezeichnet lebhafte Rolle, als General spielte. Die Hinrichtungen in Paris waren so häufig, daß man viele Seiten blos mit den Namen der Unglücklichen anfüllen könnte.

---

[3] »S. den Jahrgang 1791 des Journals, September, S. 933.«

[4] »S. Jahrg. 1792, November, S. 1252.«

[5] »S. Jahrg. 1792, Februar, S. 218.«

Mit diesen Mord-Scenen giengen die Einziehungen der Güter der Reichen im gleichen Schritte. Man gieng so weit, zu befehlen, daß alle wohlhabende den Betrag ihres Vermögens, bey Todesstrafe, angeben sollten. Man <61> gab sogar am 1sten Januar den Befehl an alle Banquiers, und Kaufleute, daß sie alle ihre in der Fremde ausstehende Schulden, und alle Waaren, und Wechselbriefe einer dazu ernannten Commission ausliefern mußten, wogegen sie einen Empfang-Schein erhalten sollten. Es wurde zugleich verboten, Wechselbriefe auf die Fremde zu kaufen, oder von den Fremden auf sich ziehen zu lassen, ohne vorher dem Convente davon Nachricht und bestimmte Rechenschaft zu geben. Man machte einem Convents-Mitgliede die Anmerkung, daß man durch solche Schritte ja allen Handel ausheben würde, und bekam zur Antwort: „Wir wollen keinen Handel, denn der Handel macht Wohlstand, und Wohlstand untergräbt die Republik."

Unterdessen kam die herrschende Parthey selbst mit einander
wieder in Streit. Robespierre und Danton scheinen keine sehr gegrün-
dete Freundschaft zu haben, doch hielten sie noch zusammen, gegen
die Parthey des Pariser Gemeinde-Raths. Zu ihrer Parthey gehörten
Camille Desmoulins, Barrere, Herault de Sechelles, Philippeau, Fabre

d'Eglantine, Bourdon de l'Oise, als die vornehmsten: In der Gegenparthey des Gemeinde-Raths zeichneten sich aus, der wütende Hebert, der Maire Pache, der Kriegs-Minister Bouchotte, Collot d'Herbois und andre. Diese Parthey wurde die Ultra-Revolutions-Parthey genennt. Sie hatte die Anführer der Revolutions-Armee auf ihrer Seite, und wurde dadurch dem Robespierre und Danton furchtbar. Inzwischen suchten diese einige Personen der Gegenparthey zu stürzen, und sie brachten es dahin, daß der wahnwitzige Anacharsis Cloots, der sich den Redner des menschlichen Geschlechts nennt, und der berüchtigte Thomas Payne, unter dem Vorwande, daß sie Ausländer wären, aus dem Convente gestoßen, und nachher arretirt wurden. Dagegen verlangte Hebert die Ausstoßung des Desmoulins, und Bourdon, aus dem Jacobiner-Clubbe. Hebert und Desmoulins verfolgten einander unterdessen in ihren täglichen Blattern. <62> Als die Nahrung zwischen diesen zwey Partheyen um Ausbruche zu kommen schien, langten die Sieges-Nachrichten voll der Wieder-Einnahme von Toulon, und von den Schlachten am Rheine, und dem glücklichen Fortgange der Französischen Waffen an. Diese gaben dem Wohlfartsausschuße, welcher sich alle die Maasregeln zueignete, die die Siege zuwege gebracht, ein gewisses neues Ansehn, und Hebert, und der Gemeinde-Rath sahen sich zu einer Nachgiebigkeit gezwungen, die alle rasche Bewegungen zurückhielt. Man feyerte Feste über die Einnahme von Toulon, man vereinigte sich zur Freude. Man ließ die Streitigkeiten ruhen, und alle Aufmerk[sam]keit der Stadt war nach den Kriegsbegebenheiten gerichtet. Da von diesen Begebenheiten in andern eignen Artikeln gehandelt wird, so wäre eine weitere Anführung davon allhier um so mehr unnütz, da die in Paris davon verbreiteten Nachrichten auch in jenen Artikel mit angeführt sind.

Noch angenehmer als diese Sieges-Nachrichten waren diejenigen, die man im Convente von der gänzlichen Vernichtung der Royalisten in der sogenannten Vendée bekannt machte. Nach öftern erstatteten Berichten war diese sogenannte katholische und königliche Armee viele male an vielen Orten geschlagen worden, und am 2ten Januar war auch die Insel Noirmoutier, auf welcher sich ein Haupt-

Corps befestigt hatte, von den Convents-Truppen erobert, und 1,200 Mann, worunter der General Delbek sich befand, gefangen genommen worden, wovon ein großer Haufen zum Blutgerichte nach Paris geschleppt wurde.

Indem man zu Paris die gänzliche Vertilgung der Royalisten ankündigte, versicherten andere Nachrichten, daß diese Vorstellungen sehr vergrößert wären, und daß, obgleich einige Corps der Royalisten geschlagen und zerstreut wären, dennoch eine starke Armee von ihnen in der Normandie existire, und auf dem Marsche über Caen nach Cherbourg sey, um daselbst die längst im Werke gewesene Landung der Engländer, unter dem Oberbefehle des Grafen von Moira zu unterstützen. Man gab diese <63> Armee noch zu 60,000 Mann an, und versicherte, daß bereits Commissarien derselben den Englischen General von ihrer Annäherung gegen Cherbourg benachrichtigt hätten.

Diese Widersprüche wird eine kurze Zeit aufklären, und wir werden noch in diesem Monatsstücke bestimmtere, sichre Nachrichten, hoffentlich, in einem noch fernern Artikel von Frankreich, geben können.

Hier wollen wir nur noch bemerken, daß der durch seine Mißhandlungen des Königs Ludwigs des XVIten, durch die wichtige Rolle, die er als Maire von Paris, und als Haupt der sogenannten Brißotisten Parthey der Girondisten, eine geraume Zeit spielte, und durch den verbrechungsvollen Antheil an den Scenen vom 10 August 1792, und den folgenden Tagen – berüchtigte Pethion, nach der Schweiz entflohen ist, aber durch die Regierungen der Cantons Bern, und Zürich, genöthigt worden ist, die Schweiz wieder zu verlassen. Man wußte nicht, wohin er sich gewendet habe. Eben so wenig weiß man jetzt den verborgnen Aufenthalt Dumouriers[6] mit Zuverläßigkeit anzugeben. Vielleicht sehen diese Flüchtlinge selbst ein, was ihr Beyspiel so augenscheinlich lehrt, daß es eine höhere Strafgerechtigkeit, daß es eine göttliche Vorsehung giebt.

---

[6] Charles-François du Périer du Mouriez, genannt Dumouriez, (* 25. oder 27. Januar 1739 in Cambrai; † 14. März 1823 in Turville Park bei Henley-on-Thames) war ein französischer General.

Krieg der Teutschen gegen die Franzosen, in den Niederlanden und am Rheine

Stück 1, # 13, Seite 75 ff

Ein Schreiben eines K[öniglich] Preußischen Officiers aus dem Hauptquartiere des Herzogs von Braunschweig, welches in den Berliner Zeitungen mitgetheilt worden, und mit <76> der zuverläßigsten Authenticität versehen ist, bestätigt alles das, was im obigen VIten Artikel {S. 34 f.} von den Begebenheiten am Rheine erzehlt worden ist. Zur Ergänzung der Geschichte müssen wir nur noch folgendes daher nachtragen.

Nachdem der Kaiserliche General Hotze, wider alles Vermuthen den höchstwichtigen Posten vom Liebenfrauenberge verlassen hatte, so konnte die Position bey Lembach nicht mehr behauptet werden. Das dortige Preußische Corps zog sich daher auf die Scheerhöhle. Am 25sten des Morgens war fast die ganze Kaiserliche Generalität entschlossen, die starke Position bey Weißenburg zu verlassen, und über den Rhein zu gehn, mithin die Blokade von Landau aufzugeben. Der K. General von Funk wurde deshalb zu dem Herzoge von Braunschweig geschickt. Allein Höchstdieselben erklärten ausdrücklich, daß man hier nicht an eine Retraite denken, sondern den Feind angreifen, und schlagen müße, daß sie die Folgen einer solchen Retraite von dem äußersten Nachtheile für das gemeinschaftliche Intereße hielten, und daß es unverantwortlich seyn würde, ohne den mindesten Versuch gegen den Feind abzuziehen. Se. Durchl. begaben sich selbst nebst dem Erbprinzen von Hohenlohe zum General Wurmser, und erhielten, daß man noch den 25sten Dec. eine Recognoscirung, den 26sten aber einen Angrif auf den Feind machen wolle. Die Recognoscirung wurde wirklich den 25sten Dec. nach der Gegend von Sebach unternommen, wobey man von der feindlichen Cavallerie eine Menge niederhieb, und mehrere Gefangne machte. – Den 26sten sollte der Feind von der Kaiserlichen Armee bey Weißenburg angegriffen werden, wobey man Preußischer Seits kräftig souteniren wollte. Dieser Angrif unterblieb aber leider! und die bereits vorgerückten Truppen mußten sich wieder zurückziehen.

Preußischer Seits hatte der brave Obriste von Götz den Feind, der ihn angreifen wollte, attaquirt, und ihn glücklich von einer beträchtlichen Höhe von der Scheerhöhle herunter geworfen, er wurde aber dabey stark bleßirt. Se. Durchl. wurden dadurch bewogen, sich selbst dorthin zu begeben. Unterdessen hatte der Feind einige Kais. Bataillons bey Weißenburg angegriffen, und durch seine Uebermacht zum Zurückzuge genöthigt. Der starke Nebel verhinderte Se. Durchl. dieses <77> von der Scheerhöhle zu bemerken. Sie bemerkten aber, daß das Feuer näher gegen Weißenburg war, eilten unverzüglich dahin, und fanden bereits alles in Unordnung, und daß der Feind anfieng, sich zwischen Weißenburg, und den übrigen Kaiserlichen Truppen zu postiren. In diesem entscheidenden Augenblicke zogen Se. Durchl. selbst den Degen, sammelten ungefähr 8 Kaiserliche Bataillons setzten sich an deren Spitze,[7] führten sie gerade gegen den Feind, warfen denselben, und brachten alles wieder in Ordnung, wobey der Kaiserl. General von Wartensleben gegenwärtig war, und Se. Durchlaucht aus allen Kräften soutenirte. Der Feind erkühnte sich nicht, weiter anzugreifen, und begnügte sich, die postirtcn Truppen zu kanoniren. Die Kaiserl. Armee marschirte darauf in der Nacht über die Lauter, am folgenden Tage nach Germersheim, und sodann über den Rhein.

Der übrige Inhalt dieses Berichts komt mit dem unsrigen obigen, völlig überein. – Die Preußische Armee zog langsam, und in bester Ordnung nach den Rhein, ein Corps vertrieb noch am 10ten Januar die Franken aus Kreuznach, in der Folge aus Worms, wo die Preußen aber nicht blieben, sondern die bestimmten concentrirten Cantonnirungs-Quartiere bezogen. Ihre Linie gieng von Oppenheim bis Bingen, und Mainz war der Mittelpunkt, wo auch am 13ten Januar der Herzog von Braunschweig eintraf, nachdem er alle Positionen der Armee vollkommen gesichert hatte. Er war im Begriffe, die Armee, die er mit so unsterblichen Ruhme zu Siegen angeführt hatte, die ihn anbetete, ganz zu verlassen, und nach seinen Staaten zurück zu gehen. Er hatte von dem Könige von Preußen verlangt, das Commando der Armee

---

[7] »Nach andern Privat-Briefen mit den Worten: „Wenn ihr dort den Feind nicht wegtreibt, so seyd ihr verlohren: wollt ihr mit gehorchen? folgt mir!" und so stellte er sich voran.«

abzutreten, und der König hat dasselbige dem Feldmarschalle von Möllendorf übertragen, welcher am 22sten Januar von Berlin zu seiner hohen Bestimmung abreisete.

Die Kaiserliche Armee welche von Mannheim bis nach Fort-Louis an dem linken Ufer des Rheins in den <78> Cantonnirungen lag, hatte diese Erhohlung sehr nöthig. Diese braven Truppen hatten, ohnerachtet ihres Verlustes, alles gethan, was man von den besten tapfersten Soldaten in der Welt verlangen konnte. Sie, die Soldaten, waren an ihren Verluste nicht Schuld. Sie hätten gethan, was nicht leicht von irgend einer Armee in der Maaße geschehen seyn mag, hatten in 41 Tagen 37 Gefechte gehabt, und in 35 derselben gesiegt.

Die Franzosen verschanzten sich stark zwischen Speyer und Germersheim, und schienen sich da behaupten zu wollen. Ihre leichten Truppen streiften bis nach Worms herauf. Der größte Theil von ihnen zog sich gegen Fort-Louis, in der Absicht, diese Festung, es koste was es wolle, wieder zu erobern. Einige Versuche aber waren schon mißglückt, und die Kaiserliche Besatzung war ansehnlich verstärkt worden, und mit vieler Artillerie, und hinreichendem Vorrathe an allem versehen. [...]

Eine unterdrückte Anekdote von der Königin von Frankreich

Stück 1, # 14, Seite 79

Ich habe, schrieb ein Augenzeuge der Verhörs der unglücklichen Königin, mit Erstaunen über die Tyranney die man auch über die Preßfreyheit, {so wie über jeden Gedanken von Freyheit, unter dem aufgesteckten Schilde der Freyheit, zum Hohne der Menschheit} ausübt, gefunden, daß Niemand es gewagt hat, folgende Ausdrücke der Königin zu erwähnen, die sie sagte, als der Präsident des Blutgerichts sie, nach gefällten Todes-Urtheile, fragte, ob sie noch etwas zu ihrer Vertheidigung vorzubringen habe. Nichts, sagte sie, und setzte hinzu:

> Ich war Königin; und Ihr habt mich entthront, ich war Gattin,
> und ihr habt meinen Gemahl ermordet; ich war Mutter, und Ihr
> habt mit meine Kinder entrißen. Es ist nichts als mein Blut noch
> übrig. Franzosen, trinkt es, tränkt euch damit, aber laßt mich
> nicht lange schmachten.[8]

Ich berufe mich, zur Versichrung dieser Wahrheit, auf die damals gegenwärtigen Personen, deren über 500 waren, die alle dieses so wie auch die Wirkung jener Worte bezeugen werden. Keiner der Zuschauer konnte sich der Thränen erwehren, und das in dem Gerichtshofe versammelte Volk, erfüllte den Saal mit Bravo! Geschrey, und mit einem Händeklatschen, welchen ich kein Beywort geben kann. Von allem dem findet man kein Wort in den sogenannten authentischen Verhörs-Acten.

Nachrichten von verschiedenen Ländern. Frankreich

Stück 1, # 15, Seite 97 ff

Die fernem Nachrichten aus Frankreich, welche bis zum 13 Januar gehen, enthalten nichts merkwürdiges, denn das Umbringen durch die Köpf-Maschinen, und das Todtschießen in ganzen Haufen, und die täglich fortdauernden Arretirungen, und Einziehungen der Güter, und Gelder der Vermögenden –, ist von Frankreich anjetzt nichts merkwürdiges mehr.

Indeßen bereiteten sich doch neue Revolutions-Auftritte vor. Die beyden in dem obigen Artikel von Frankreich bereits beschriebenen Factionen, die des Wohlfarts-Ausschußes und die des Gemeinde-Raths waren gegen einander so heftig geworden, daß sie sich gegenseitig den Untergang drohten. Robespierre, das Haupt der Parthey des Wohlfarts-Ausschußes, fieng an eine zweideutige Rolle zu spielen,

---

[8] »Rien. – J'étois Reine, et Vous m'avez detroné, j'étois épouse, et Vous avez massacré
mon mari ; j'étois mêre, et Vous m'avez arraché mes enfans ; il ne reste que mon sang ;
François, buvez-le, abreuvez Vous-en, mais ne me faites pas languir.«

und schien selbst einige Hauptpersonen seiner Faction aufopfern zu wollen, da er sahe, daß der Gemeinde-Rath die stärkste bewafnete Macht auf seiner Seire hatte. Jede Parthey setzte alle Mittel gegen die andre in Bewegung, und man erwartete täglich gewaltsame Ausbrüche dieses Kampfes. <98>

Ohnerachtet der Vorspieglungen, daß man nun die Religions-Uebungen wolle frey lassen, und die Verfolgungen aufhören sollten, sind doch weder die geschloßnen Kirchen geöfnet, noch die dem Götzendienste der Anarchie-Vernunft gewidmeten wiedergegeben worden. Vielmehr hat der Minister der innern Angelegenheiten eine Bittschrift an den Convent geschickt, daß aus dem öffentlichen Schatze die Kosten möchten bezahlet werden, welche die Vernunft-Tempels erfoderten. Dahingegen kein christlicher Priester mehr eine Besoldung enthält.

Nach einem vom Generale Dugommier selbst eingesandten Etat von Toulon, hatten die Engländer 9 Linienschiffe verbrannt, und 3 mitgenommen. Eins, der ›Scipio‹, ist vorher, bekanntlich, bey Livorno, aufgebrannt, 3 sind bekanntlich, nach Rochefort, und Brest, vor geraumer Zeit geschickt worden. Die zuverläßig-sichre Anzahl der Linienschiffe war, {wie im vorigen Monatsstücke S. 1319 angeführt worden} 22. Davon sind nach obiger Berechnung 16 verloren; blieben allso noch 6 den Franzosen zu Toulon. Dugommier aber giebt die noch vorhandne Zahl der Linienschiffe zu 13 an. – Dergleichen Angaben und Rechnungen können nur in dem freyen Frankreich gemacht werden.

Februar 1794

Was zu Toulon in Ansicht der Regentschaft, und der Einladung des Grafen von Provence vorgegangen

Stück 2, # 04, Seite 143 ff

Es war eine allgemein verbreitete, auch im Journale angeführte Nachricht, daß der Graf von Provence nach Toulon berufen sey, um daselbst feyerlich zum Regenten von Frankreich proclamirt zu werden. Da dieser Prinz auch wirklich von Ham[m] nach Italien abreisete, so schien jene Nachricht vollkommen bestätigt zu seyn. Daß aber ein solcher Schritt, selbst zu der Zeit, da die Alliirten zu Toulon noch im Besitze aller Vortheile waren, noch vor dem ungünstigen Gefechte, in welchem General O'Hara in Gefangenschaft kam, nicht für thunlich, und gut gefunden, daß allso schon damals die Chefs der Englischen und Spanischen Kriegs-Macht, auf keine große Unternehmung von Toulon her rechneten, und dass die Politik diesem vor den Einwohnern gewünschten Schritte, entgegen war, beweisen die folgenden historischen Actenstücke, welche sowohl an sich selbst merkwürdig sind, als auch bis jetzt noch nicht dem Publico bekannt geworden. Sie sind zugleich eine Bestätigung der Gesinnungen und Mächten des Spanischen Hofes, so wie sie in der vorhergehenden Declaration enthalten sind.

Eine Deputation der Sectionen von Toulon begab sich zu den Englischen und Spanischen Generalen, um ihnen eine Berathschlagung mitzutheilen, in der sie verlangten, man möchte den Grafen von Provence als Regenten anerkennen, und ihren alten Bischof und die Emigrirten zurückrufen. Die Antworten, die sie erhielten sind folgende.

Antwort der Englischen Commissarien auf das Ansuchen der
Toulonneser den Grafen von Provence als Regent von Frankreich anzuerkennen;

Toulon, den 28 November 1793. <144> Meine Herren! Wir haben
mit vielem Antheile die Mitteilung Ihrer Beratschlagung und
der Sectionen von Toulon in Ansehung der Regentschaft empfangen. Wir erkennen hieran mit dem größten Vergnügen die
Gesinnungen des Patriotismus und der Weisheit dieser Stadt.
Wir hegen nicht allein dasselbe Verlangen, die Ordnung wieder
unter einer Regierung, die auf gute Grundsätze gegründet ist,
hergestellt zu sehen, nicht allein dieselben Gesinnungen der Zuneigung gegen Ihren jungen und unglücklichen Monarchen,
sondern auch die der Ehrfurcht und Hochachtung für die Familie Ihrer Könige, und vorzüglich für die erhabene Person die der
Gegenstand Ihrer Wünsche ist.
Wir befinden uns dennoch in der Unmöglichkeit unmittelbar
der Erfüllung Ihrer Wünsche beyzutreten, und wir wünschen
Ihnen die Hindernisse, die sich darstellen mitzutheilen.
Die Regentschaft von Frankreich intereßirt ganz Europa, und
vorzüglich die coalisirten Mächte, da in den gegenwärtigen
Umständen das Ansehen des Regenten, so wie des Thrones sel-
ber, nur durch ihre Hilfe, und durch die unermeßlichen Unter-
stützungen von ihrer Seite realisirt werden kann.
Dieser Gegenstand muß also durch die Notwendigkeit, so wie
auch durch die Verbindung der gesunden Politik, und der edlen
Gesinnungen, {die einzigen die erhabne Prinzen beseelen können,} unmittelbar mit den Höfen verhandelt werden, die die
Feinde Ihres Königs bekriegen.
Eine so wichtige Sache, die die eben so ausgebreiteten als vereinigten politischen Unterhandlungen betrift, kann nicht mit
Würkung, und selbst nicht mit Nutzen durch eine einzige Stadt
entschieden werden, die in allem Betrachte ehrwürdig, aber gegenwärtig nicht allein vom übrigen Theile von Frankreich isolirt
ist, sondern auch für das Interesse des Königreichs, so wie für
ihren eignen Vortheil, mit einer andern Macht neue Unterhandlungen angefangen hat. <145> Es ist auf alle Fälle klar, daß die
Minister Sr. Brittischen Majestät durchaus unvermögend seyn
müssen, diesen Gegenstand zu entscheiden, ohne vorher genau
ihren Hof consultirt, und bestimmte Macht erhalten zu haben.
Alles was sie thun können, um den lobenswürdigen Eifer der
Bewohner von Toulon zu unterstützen, wird darin bestehen,

diese wichtige Sache ohne Aufschub der Weisheit und den Einsichten Sr. Großbrittannischen Majestät zu überlassen, und Deren Befehle zu erwarten.

Bis jetzt, da wir uns nicht authorisirt finden Se. Majestät ueber die Frage der Regentschaft zu compromittiren, können wir noch weniger in den Vorschlag einstimmen, den Grafen von Provence nach Toulon zu rufen, um daselbst die Geschäfte eines Regenten zu verwalten, da das Sr. Majestät vor der bestimmten Zeit die Gewalt benehmen wurde, die Ihnen seit kurzem zu Toulon anvertraut ist.

Diese Gründe verbinden uns inzwischen nicht, uns dem Verlangen entgegen zu setzen, welches die Bewohner von Toulon haben könnten ihre Huldigungen zu den Füßen dieses Prinzen darzubringen, und alle die Wünsche zu bezeugen, die Ihre persönlichen Tugenden ihnen eingeben müssen, oder welche die Rechte Ihrer Geburt reclamiren können.

Antwort von Don Juan de Langara etc.

Meine Herrrn! Ich habe mit dem grüßten Vergnügen und der vollkommensten Zufriedenheit, durch den Brief den Sie mit geschrieben haben, die treuen Gesinnungen ersehen, welche die Toulonneser durch die Organe ihrer Sectionen bezeugen, den Grafen von Provence als Regenten des Königreichs anzuerkennen, und ihm eine Deputation zu schicken, um ihn zu ersuchen nach Toulon zu kommen, nicht allein wegen der vortheilhaften Meynung die seine Ankunft im Lande hervorbringen wird, sondern auch weil seine Gegenwart die Wiederherstellung der monarchischen Regierung erleichtern, und die Sache des Königs Ludwigs des XVIIten, an der mein <146> erhabner Monarch einen wahren Antheil nimmt, geschwinder einen glücklichen Ausgang geben wird.

Folglich, meine Herren! habe ich Se. Katholische Majestät von ihrem lobenswürdigen Vorhaben benachrichtige; und hatte nun für gut, den königlichen Willen hierüber zu erwarten. Dieß verhindert Sie jedoch nicht eine Deputation an den Grafen von Provence zu schicken, um nicht länger einen so gerechten Beweis des Eifers und der Liebe, von der sich die Toulonneser für die geheiligte Person ihres rechtmäßigen Souveräns Ludwigs des XVIIten beseelt fühlen, und ihres Gehorsams gegen den, der während seiner Minorität herrschen soll, aufzuhalten.

Am Bord des Schiffes, die Empfängniß, den 29 November.

Don Juan Langara

Frankreichs Barbarey, und Tyranney. Begebenheiten

Stück 2, # 08, Seite 166 ff

Der Zeitraum von dem verfloßnen Monate bis zu dem 6ten dieses hat nicht viele außerordentliche Merkwürdigkeiten gehabt, denn solche Begebenheiten wie Hinrichtungen, Zerstöhrungen von Häusern und ganzen Städten, und tyrannische Grausamkeiten sind, haben schon lange aufgehört, in der jetzigen Geschichte Frankreichs Merkwürdigkeiten zu seyn. „Es giebt kein menschliches, und göttliches Gesetz, sagte Lord Warwyk im Englischen Parlamente, welches die Franzosen, in ihrer tollen Wuth, nicht übertreten hätten." Und der Chef der Opposition, Herr Fox, erklärte am 20sten Januar, im Parlamente, darinnen stimme er mit den Ministern überein, daß die jetzige Französische Regierung die wüthendste Tyranney sey. Glaubwürdige Personen, welche das Glück gehabt haben, aus Frankreich zu entkommen, versichern, daß alles, was man in den öffentlichen Blättern lese, und in Briefen melde, nur ein schwacher Schattenriß der Greuel und der Entsetzlichkeiten von Verwüstungen und Tyranneyen sey, die anjetzt durch ganz Frankreich herrschen. Ein Mann, der mit einem Mitgliede des Wohlfarts-Ausschußes zu Paris gesprochen, hat aus dessen eignen Munde die Worte gehört. „Es ist möglich, daß wir unterliegen, aber wann es geschieht, so geschieht es nicht anders, als daß wir nur Leichname und Asche in ganz Frankreich zurück lassen."

Solche kühne Bösewichter suchen sich einander selbst in barbarischer Wuth zu übertreffen. Und wenn einer nur sich etwas von Mäßigung merken läßt, so ist er in Gefahr ins Gefängniß geschleppt zu werden, wenn er nicht bald zu den wilden Grundsätzen zurückkehrt. Dieß war der Fall mit dem berüchtigten Camille Desmoulins, den Philipeaux und Hebert wegen seiner Aeußerungen, daß man nicht immer das Schrecken zur Tags-Ordnung <167> machen, und einige Mäßigung zeigen müsse, im Jacobiner-Clubbe anklagten, und der nur durch

Robespierres Vorwort, noch mit einem derben Verweise davon zu kommen, so glücklich war.

Unter denen die an der Spitze der sogenannten Regierung stehen, gab es häufige Streitigkeiten, und es formirten sich Factionen gegen einander, wovon immer eine die andre zu stürzen suchte. Sie verfolgten einander in Reden im Jacobiner-Clubbe, in öffentlichen Schriften, und in angeschlagnen Zetteln, mit denen man zu Paris die Mauern an allen Ecken der Straßen überklebt sahe. Robespierre, dem man Schuld gab, daß er diese Streitigkeiten gern sahe, und unterhielte, blieb immer der Chef der herrschenden Faction, der König von Frankreich. Es wurde schon so merkwürdig, und über alles hervorstechend, daß man sich im Jacobiner-Clubbe, mit Besorgniß nach seiner Gesundheit erkundigte, als er einige Tage nicht erschienen war, und man bezeigte Freude, als man vernahm, daß er sich wohl befände. In Paris heißt es, daß er eine sehr schwächliche Gesundheit habe. Ob es wahr sey, oder er dergleichen nur ausbreiten läßt, kann man nicht entscheiden.

Gegen Ende des Januars lief das Gerücht in Paris, daß man ein neues Complott entdeckt habe, dessen Absicht gewesen sey, die Convents-Deputirte zu ermorden, und die Königliche Würde wieder herzustellen. Dieses Gerücht mußte einer Menge neuer Verhaftungen einen scheinbaren Grund geben. Die Anzahl der öffentlich auf den Listen angeführten belief sich auf 5,600. Es wurden auch täglich welche hingerichtet.

Dieß Schauspiel gab man selbst dem Convente, als derselbe, am 21 Januar, in Proceßion über den Revolutions-Platz gieng, um unter lärmender Musik, und Absingung von Hymnen, den Ermordungs-Tag des unglücklichen Königs zu feyern. Man brachte vor den Augen des Convents 4 Personen durch die Guillotine um, so daß das Blut unter den Tritten dieser Regenten hinfloß. Das entsetzliche sowohl von diesem Anblicke, als von dem <168> ganzen Feste, welches der Convent selbst angeordnet hatte, um den Jahrstag seines Verbrechens zu feyern, brachte doch viele Personen zur Bewegung. Ohnerachtet der vielen Einladungen an das Volk, sahe man doch keine große Menge an diesem Feste beysammen. Und am folgenden Tage beschwerte sich ein Convents-Mitglied, Bourdon de l'Oise, über die Blut-Scene.

> Man hat sehr unrecht gethan, sagte er, vor unsern Augen, und
> mitten unter Tanz und Gesängen das Blut von vier Verbrechern
> fließen zu lassen. Ich habe schreckliche Reden unter dem Volke
> darüber gehört. Leute, die wahrscheinlich dazu bestellt waren,
> nannten mich, und viele meiner College, Henker, und Canniba-
> len. Sollen denn die Uebelgesinnten und Ausländer von uns sa-
> gen, daß wir uns nie mit Blute sättigen können.

Dieses muß man freylich sagen, wenn man alles das betrachtet, was in dem weiten Gebiete von Frankreich geschieht. In allen großen Städten, in Lyon, Toulon, Marseille, Bordeaux, und andern Oertern haben die Hinrichtungen unausgesetzt fortgedauert. Am 30sten Jan. waren zu Lyon, nach den entsetzlichen vielen Hinrichtungen, und Zusammenschießungen von ganzen Haufen, noch sechstehalbtausend Menschen in den Gefängnißen. In 5 Tagen, vom 13 bis 17ten Januar waren 325 Personen durch viele Guillotinen, die zugleich im Gange waren, hingerichtet, 339 erschossen worden, und noch mehrere tausende in Gefängnissen. Zu Marseille, wo man mit aller wüthenden Tyranney die Einwohner nicht auf die Höhe der Revolution, wie man zu sagen pflegte, hatte bringen können, wollte man gegen Ende des Januars ein Contre-Revolutions-Project entdeckt haben, und dieß war hinreichend, diese vormals so blühende, reiche, und bevölkerte Handelsstadt mit neuen grausamen Strafen zu peinigen. Man befahl am 19 Januar unvermuthet eine allgemeine Entwafnung der Einwohner, welche, unter der Aufsicht der Convents-Commissarien, und dem Beystande der sogenannten Revolutions-Armee, sogleich ausgeführt wurde. Man erklärte die Stadt für rebellisch, <169> und man vertilgte sogar den Namen Marseille, und gab ihr den Namen *Sans nom* – ohne Namen. Zugleich wurde durch eine Proclamation befohlen, daß alle Häuser, in welchem die Sectionen der Stadt Versamlungen gehalten, demolirt werden sollten. Man fieng zuerst mit der Börse an, und der Eifer der Sansculotten dabey war so stark, daß man in kurzer Zeit damit zu Stande kam. Unterdessen waren über 3,000 Menschen schon in die Gefängniße gesetzt, und darunter fast alle reiche und wohlhabende Einwohner, von denen man bald darauf anfieng, die vornehmsten hinzurichten. Sechstausend Mann treuer, den Convents-Commissarien ergebner, Truppen unterstützten die Commissarien, und hielten die entwafneten Einwohner in Furcht und Schrecken, und eine Menge Kanonen, die man auf das Fort *Notre Dame de la Garde*, welches die Stadt commandirt, gebracht, und gegen die Stadt gerichtet hatte, vervollkomneten die Macht der Revolutions-Herren.

Zu Toulon hatte man bereits alle Mannspersonen niedergemacht, und die Reihe kam nun an die Frauenzimmer. So schrieben die Commissarien selbst, an den Convent. Ein Theil der da angekommenen Sansculotten beeiferte sich mit Niederreißungen der Gebäude, in dem ein andrer die noch vorhandenen Schiffe wieder auszubessern, und auszurüsten suchte. Der Schiffe waren freylich wenige, und die dem Convente angegebne Zahl von 13 Linienschiffen, so wie wir schon im vorigen Monatsstücke andeuteten, eine unwahre Rodomontade. Nach der zuverläßigen vom Admiral Hood nach London eingesandten Liste, waren von den Engländern zu Toulon verbrannt, drey Linienschiffe von 80, 13 von 74 Kanonen und 1 von 74 Kanonen verbrannte bey Livorno, mitgenommen wurden von den Engländern ein Linienschiff von 120, und 2 von 74 Kanonen; vier Linienschiffe von 74 Kanonen waren von Toulon aus von den Engländern mit Französischen Matrosen nach den französischen Häfen geschickt, um in denselben ähnliche Vorfälle, wie in Toulon vorzubereiten. Den Franzosen blieben in Toulon <170> ein Linienschif von 120, und 1 von 74 Kanonen, im brauchbare Stande; und im Baßin unbrauchbare, und schwerlich wieder zu reparirende 5 Linienschiffe, und 1 Schif von 74 Kanonen auf dem Werfte, und 1 Linienschif, das zur Marine von Toulon gehörte, war in der Levante; also in allem 9 Linienschiffe, von denen nur drey brauchbar waren, wenn das auf dem Werfte fertig wurde. Da aber die Engländer alle Kanonen vernagelt, alle Masten, und alle Arsenale, bis auf das Tauen-Magazin, verbrannt hatten, und den Hafen von Toulon nach ihrem Abzüge noch immer blokirt hielten, so daß kein Schif weder aus- noch einlaufen konnte, und das Vorgeben von eingelaufenen Englischen Kriegsschiffen eine platte Unwahrheit war;[9] so kann man

---

[9] »Dieses beweisen die officiellen Depeschen des Admirals Hood vom 12ten Januar, da er noch bey den Hierischen Inseln mit dem größten Theile seiner Flotte war, und berichtete, daß kein Schif bis an denselbigen Tag in Toulon eingelaufen sey, noch habe einlaufen

urtheilen, ob das Fest, welches man in Paris, und andern Orten über die Wieder-Einnahme von Toulon hielt, nicht eigentlich ein Fest über die Vernichtung der Französischen Marine im Mittelländischen Meere, war. Es wurde daher im Englischen Parlamente gesagt; Seit der Existenz der Marine in der Welt, sey keine so große Begebenheit gewesen, wie die bey Toulon, und noch nie eine so totale Vernichtung einer ganzen Seemacht ausgeführt worden. Und die Opposition hatte dieser Wahrheit nichts entgegen zu setzen.

Wie die so genannte französische Regierung, nach der Vernichtung der Marine, die Bevölkerung von Toulon vernichtete, ist schon oben bemerkt worden. Gleiches Elend herrschte so sehr durch ganz Frankreich, daß viele tausende aus den Grenz-Provinzen in die benachbarten Länder auswanderten. Aus Basel schrieb man am 21 Januar: „Wir sehen alle Tage Flüchtlinge ankommen, die das Elend in Frankreich an den Bettelstab gebracht hat. Mehr als 50,000 Personen haben den Elsaß verlassen. <171>

Diese Unglücklichen irren von Ort zu Ort herum, und haben nicht das allernothwendigste zum Lebensunterhalte. Andere Nachrichten bestätigen diese traurige Wahrheiten, mit dem Zusatze, daß ganze Dörfer völlig von den Einwohnern verlassen sind, und leer stehen.

Der Convent hat die meiste Zeit mit individuellen Gegenständen, die für die große Geschichte nicht gehören, zugbracht. Um sein System zu befestigen, beschloß er, daß die Erziehung der Kinder den Eltern durchaus untersagt seyn solle, und die Kinder von ihrem 6ten Jahre an ihnen weggenommen, und in öffentliche Unterrichts-Anstalten gebracht werden sollen, wo sie, nach dem Revolutions-Systeme formirt werden. Um auch das, was von der jetzigen Generation noch übrig ist, zu formiren, beschloß der Convent am 26 Januar, daß in jeder Gemeinde der Grenz- und anderer Departements, die es nöthig haben, ein Lehrer der französischen Sprache angestellt werden solle, welcher

---

können.« – Die Îles d'Hyères sind eine französische Inselgruppe im Mittelmeer. Die Inseln sind der Côte d'Azur bei Hyères vorgelagert.

sodann die französischen Grundsätze bestens einzuflößen nicht ver-
fehlen soll.

Die zwey vornehmsten Gegenstände, welche den Convent,
und die Ausschüße beschäftigten, waren die Unterhaltungen der Armeen, die viel Schwierigkeiten fanden, und die Fabrikation von Pulver, woran es sehr zu mangeln anfieng. Das Haupt-Hinderniß war der
Mangel an Salpeter[10]. Es wurden daher Befehle in Paris und in ganz
Frankreich bekannt gemacht, in allen Kellern und Gewölbern Salpeter
aufzusuchen, und eine besondere Salpeter-Commißion ernannt. Man
wollte sogar die Schind-Anger aufgraben, weil man bemerkt habe, daß
man da Salpeter finden könne. Was aber durch den Duft weiter noch
da gefunden, und wie die tödlichsten Seuchen da gewonnen werden
könnten, das wurde nicht bemerkt. Einige Bürger ermuntern ihre Mitbürger, Salpeter zu suchen, durch Anschlage-Zettel. In einem derselben, sagte ein gewisser Dufourny „das Wohl des ganzen menschlichen
Geschlechts hängt vielleicht von einem Pfunde Salpeter ab, was einer
von euch einliefert." <172>

Es ist freylich ein übler Umstand, Mangel an Pulver zu haben,
wenn man die ganze Welt bezwingen will. Barrere sagte am 22 Januar
im Convente:

> Wir haben noch 21 Völker zu bezwingen, welche der Despotis-
> mus an den Wagen der Coalition angekettet hält. Diese Völker,
> die noch keinen 14 Julius 1789, noch keinen 21 September 1792,
> noch keinen 21 Januar 1793 gehabt haben sind, die Holländer,
> Engländer, Schottländer, Irlander, Hannoveraner, Braun-
> schweiger, Heßen, Preußen, die Reichsländer, die Oesterrei-
> cher, Ungarn, Böhmen, Flamander, Rußen, Piemonteser, Sardi-
> nier, Parmesaner, Papisten, Neapolitaner, Spanier, und Floren-
> tiner. Das ist das Verzeichniß der Völker, die noch von den
> Franzosen überwunden werben müssen, schrie Barrere im Con-
> vente. Keinen Frieden, schrie Barrere hinzu, mit den coalisirten
> Königen. Einige unsrer Journale reden vom Frieden. Wer sind

---

[10] Kaliumnitrat oder Bengalsalpeter, im allgemeinen Sprachgebrauch oft bezeichnet als
Salpeter, der Hauptbestandteil von Schwarzpulver.

diejenigen, die davon sprechen. Keine andere, als die eine Contre-Revolution wünschen und hoffen.[11]

Ein Mitglied der Versammlung machte gleich, nach dem diese Rede gehalten worden war, die die geographischen und politischen Kenntniße des Bürgers Barrere in ein großes Licht stellt, die Motion, alle diejenigen für Verdächtige zu erklären, welche vom Frieden sprechen würden; und die ganze Versammlung, und die Tribunen der Zuhörer klatschten Beyfall und schrieen: „Keinen Frieden, keinen Waffenstillstand mit den coalisirten Tyrannen!!!" <173>

Am ersten Februar kam Barrere nochmals auf den Gegenstand des Friedens. Er gestand, daß man einem Französischen Agenten in einem neutralen Lande, den Vorschlag gethan habe, einen Waffenstillstand auf 2 Jahre zu schließen, und bis dahin vorläufig die Französische Republik anzuerkennen; nach dem Verlaufe von 2 Jahren aber an einem Definitiv-Frieden zu arbeiten. Er bezeigte aber den höchsten Unwillen über diesen Vorschlag, und wiederholte, mit den heftigsten Ausdrücken, daß man keine Friedens-Vorschläge anhören, sondern den Krieg mit aller Heftigkeit fortsetzen müsse. Er sprach dabey mit einer wilden Ungezogenheit gegen die Könige, und Fürsten, und mit einer lächerlichen Großsprecherey von den Kräften der Republik. Er gab – in der Hitze der Unbedachtsamkeit, die Zahl der bewafneten Bürger in ganz Frankreich nur zu einer Million, und 200,000 Mann an. Das wäre wahrlich für eine allgemeine Bewafnung von einer Nation, die noch vor wenigen Jahren aus 25 Mill. Menschen bestand, sehr wenig, und so würden die Berechnungen, die im Journale im ersten Monatsstücke S. 8, und S. 15 gegeben worden, durch das Organ des Pariser Wohlfarts-Ausschußes selbst bestätiget seyn. Da aber die Angaben der Demagogen keine ministerielle Listen sind, so läßt sich daraus nichts sichres schließen. Daher widersprach die ›Gazette de France‹ der

---

[11] »Dieß beweißt die Bemerkung im obigen Briefe aus Paris. Die herrschende Parthey fürchtet daß sie verloren ist, wenn Friede wird. Und sie muß und wird also keinen Friedens Vorschlägen jemals Gehör geben. Es ist also für den verständigen Mann unausstehlich, wenn er das Geschwätz hört, was man so häufig von Friedens-Wünschen hört, da die Kriegführenden Mächte von der jetzt herrschenden Parthey in Frankreich keinen Frieden erlangen können, wenn sie auch die Republik anerkennen wollten.«

obigen Angabe, und setzte die Zahl aller in ganz Frankreich bewafneten Mannschaft auf eine Million, 600,000 Menschen. Von diesen Menschen sollten 130,000 Mann Valenciennes, und Condé berennen, und man hofte, diese beyden Festungen wegzunehmen, ohne einen Kanonenschuß zu thun. So drückte sich die Ministerielle Staats-Zeitung aus.

Zu solchen Unternehmungen gehören auch Hülfs-Quellen, und diese eröfnet sich die herrschende Parthey auf eine bisher ungebrauchte Weise. Ein Convents-Mitglied Couthon, hat den weisen, der Freiheit würdigen Vorschlag gethan, das Vermögen aller derjenigen Personen, welche als verdächtige in Gefängnißen sind, zu confisciren. Unterdessen häuften sich, der täglichen Aufräumung <174> ohnerachtet, welche die Guillotine machte, die Anzahl der eingefangenen immer fort, und so sehr, daß man pestilentialische Seuchen befürchten mußte. Das wirksamste Mittel sich das Eigenthum der freyen Franzosen zu bemächtigen, wurde am 27 Januar ergriffen. Der Wohlfarts-Ausschuß gab eine Verordnung, daß alle Bankiers, Kaufleute, und alle übrigen Einwohner alle ihre Güter, belegtes Eigenthum, und Forderungen in den auswärtigen Ländern anzeigen, ein Verzeichnis der verhandelten, und noch vorräthigen Waaren übergeben, und die National-Schatz-Kammer den Werth oder die Sachen in Empfang zu nehmen eingeladen werden solle. – So lebt die Freyheit in Frankreich.

Die Gefahr, die Westindischen Inseln zu verlieren, gegen welche England eine starke Macht ausgerüstet hat, gab der herrschende Parthey einen neuen Einfall an die Hand. Der Convent erklärte am 4ten Februar alle Neger für Französische Bürger. Unter den lärmendsten Beyfalle über dieses Decret, umarmte der Präsident des Convents, einen Mulatten, und einen Neger, und gab ihnen den Bruder-Kuß. Ein Deputirter meynte, man würde durch diese Maasregel alle Neger in den Brittischen und Spanischen Kolonien zu einem Aufruhre reizen.

Nachdem man schon lange Zeit her, und immer wieder die gänzliche Vernichtung der Royalisten in Bretagne und der Normandie angekündigt, und sogar beschloßen hatte, die dahin geschickte Armee wieder von da zurück nach Flandern marschiren zu lassen, weil, wie die Convents-Commißarien selbst schreiben, in jenen Gegenden nichts mehr zu thun sey; so kam plötzlich in den ersten Tagen des Februars die Nachricht in Paris an daß die Royalisten, unter Anführung des H. Charette, einen neuen Sieg erfochten hatten. In Brüßel hatte man am 7 Februar Briefe, welche diesen Sieg als sehr beträchtlich schilderten. Die Royalisten hatten, nach diesen Berichten, viele tausende getödtet, und einige tausende gefangen, welche sie, nach dem Rechte der Wiedervergeltung, ebenfals, wie ihren Waffenbrüdern wiederfahren <175> war, alle niedergemacht hatten. Die Sieger hatten Cholet eingenommen, und rückten gegen Tours vor.

Von der Königlichen Familie im Temple hat man bis jetzt gar nichts erfahren, außer, daß der bisherige Gesellschafter des jungen Königs, der Schuster Simon seine Stelle aufgegeben hatte, und das Kind von 8 Jahren sich nun selbst überlassen war. Man versichert, daß man durch lauter starke und hitzige Getränke den Körper und den Geist dieses unglücklichen Prinzen verderbe, um ihn auf alle Fälle unfähig zur Regierung zu machen.

Noch folgt unten ein fernerer Artikel von Frankreich.

Französischer Krieg. Fortsetzung.

Stück 2, # 09, Seite 175 ff

Die rauhe Jahrszeit und die verdorbnen Wege habe in dem verfloßnen Monate bey allen Kriegsherren, allenthalben, wichtige Unternehmungen verhindert. Der kleine Krieg ist inzwischen mit einer sonst ungewöhnlichen Lebhaftigkeit, sowohl am Rheine, als in den Niederlanden geführt worden. Ein Französischer General antwortete sogar einem Kaiserlichen, welcher Vorschlag, das ganz inkonsequente Schießen der Vorposten zu unterlassen, da nichts dadurch ausgerichtet würde, mit Grobheiten, und Schmähungen, und daß er geschworen habe, den Kaiserlichen General mit den jenigen zu vertilgen.

Aber allenthalben, wo es in den Niederlanden die Franzosen wagten, verrücken zu wollen, wurden sie mit blutigen Köpfen zurück gewiesen. […] <177>

Am Rheine waren die Verwüstungen und Grausamkeiten der Franzosen die vornehmsten Merkwürdigkeiten. Sie raubten und verheerten alles, wo sie hinkamen, wagten es aber nicht über den Rhein zu gehen, sondern zogen sich vielmehr von Worms, wo der Prinz von Hohenlohe sie am 23 und 24sten Januar angrif, und von Frankenthal, bis nach Speyer zurück. In jenen Gegenden und bey Germersheim machten sie viele Verschanzungen, einzelne Corps streiften jedoch bis gegen Mannheim hin, giengen aber immer bald wieder zurück Es fielen bey diesen Gelegenheiten verschiedne Scharmützel vor.

Am 31sten Januar kam der Preußische Feld-Marschall von Möllendorf in Mainz an und übernahm von dem Herzoge von Braunschweig, der nach seinen Staaten zurückkehrte, den Oberbefehl über die Preußischen Truppen. Er schickte bald nach seiner Ankunft, ein Corps von 10 Escadrons, und 4 Bataillon, unter dem Befehle des Generals von Köhler über den Hunsrück nach Kirchberg und Simmern, da eine starke Colonne Franzosen jene Gegenden bedrohte. In der Mitte des Februars aber gieng ein großer Theil der Preußischen Armee über den Rhein zurück, und die Garden nach Frankfurt, von da sie auch zu baldiger weiterer Bestimmung sich anschickten. Ueberhaupt waren Umstände eingetreten, welche es ungewiß machten, ob die ganze Preußische Armee am Rheine bleiben würde. Der König von Preußen hatte nämlich durch ein Promemoria vom 7ten Februar von dem Ober-Rheinischen Kreise verlangt, daß derselbe vorläufig <178> die Verpflegung der Preußischen Armee übernehme sollte, bis auf dem Reichstage zu Regensburg diese Forderung des Königs von Preußen in Berathschlagung käme, widrigens würde der König sich genöthigt sehen, den größten Theil seiner Truppen zurück zu ziehen. Man war aber noch wenig geneigt, die so kostbare Approvisionirung der Preußischen Armee zu übernehmen, welche auch unendlichen Schwierigkeiten ausgesetzt war, und man setzte im Falle des wirklichen Abzugs der Preußen auf die Bewafnung der Einwohner in den Grenz-Districten, durch welche zahlreiche Corps ausgestellt werden konnten, ein zuverläßiges Vertrauen.

Von Kriegs-Merkwürdigkeiten in andern Länder wird in den Artikeln von diesen Ländern Nachricht geben.

Frankreich

Stück 2, # 10, Seite 210 ff

Die fernern Nachrichten aus Frankreich, welche bey Abfaßung dieses Artikels bis zum elften Februar reichen, enthalten zwar keine erhebliche Merkwürdigkeiten, aber sie deuten neue Gährungen in Paris selbst an, welche über kurz, oder lang, neue Revolutions-Scenen zum endlichen Erfolg haben müssen. Es entstanden im Convente selbst, im Jacobiner-Clubbe, im Gemeinde-Rathe, in den Versammlungen der Sectionen der Stadt, heftige, und tumultuarische Debatten, ein Mitglied klagte das andre mit großer Erbitterung an, einer nannte den andern Ungeheuer, Auswurf der Menschheit, man bedrohte sich, man sagte öffentlich, daß alles auf eine Veruneinigung der Partheyen, auf eine Niederdrückung der Autorität des Convents, auf eine neue Ultra-Revolution, abziele. Man hatte die Volksgesellschaften in den <211> Sectionen, oder Distrikten von Paris, verboten, aber diese versammelten sich nicht allein demohnerachtet, sondern erklärten auch die Sections-Gesellschaften für offenbare Folgen der constituirten Rechte der Menschen. Sie machten sogar ihre Gesellschaften allgemeine, indem verschiedne Sectionen allen Bürgern den Zutritt eröfneten.

Unter diesen Conjuncturen betrugen sich die beyden Ober-Partheyen, die des Wohlfarts-Ausschußes, und die des Gemeinde-Raths, gegen einander gemäßigter. Jede schien einen gelegnen Zeitpunkt für sich abwarten zu wollen. Indessen fieng Robespierre selbst an von Mäßigung, und von Religion, und Tugend zu reden, tadelte die Grausamkeiten vieler Convents-Commissarien, und ließ einige heftige Mitglieder durch seine Vorträge aus dem Jakobiner-Clubbe stoßen. Man bemerkte aber deutlich eine sehr große Unruhe an ihm. Er sagte selbst im Jacobiner-Clubbe, man nenne ihn nun schon einen Feuillant, und er sey immer bereit, für die Republik zu sterben.

Die Verhaftungen und Hinrichtungen in Paris, und durch ganz Frankreich gieng ihren schrecklichen Gang fort. Es wurden täglich mehrere arretirt. Es wurden täglich viele hingerichtet. Von Nantes meldete man am 5ten Februar, daß binnen 4 Wochen 3,000 Menschen dort guillotinirt und erschoßen worden waren, und daß noch alle Gefängnisse und viele Häuser mit gefangnen Royalisten vollgepfropft waren, denen ein gleiches Schicksal bevorstande. „Das Menschenblut strömt täglich durch die Gassen dieser Stadt", schrieb man aus Nantes. In Lyon waren blutige Gefechte zwischen der dasigen Revolutions-Armee, und den dasigen andern Truppen vorgefallen. Im Elsaß reisete eine Criminal-Commission im Lande herum, um über alle Handlungen, Schriften, und Reden, die der Revolution zuwider wären, entscheidend zu richten. An vielen Orten fehlte es an Lebensmitteln. Ein Mann der aus Bordeaux vor einigen Tagen ankam, erzehlte, daß es daselbst so sehr an Brod und Fleisch gebräche, daß Niemand mehr als ein viertel Pfund Brod täglich haben könnte, und Fleisch gar <212> nicht. Ohnerachtet der Räubereyen, die man durchs ganze Reich ausübte, war doch ein Geld-Mangel vorhanden, und der Convent decretirte die Fabricirung von 200 Millionen neuer Aßignaten. In den Hospitälern und in den Gefängnißen herrschten fast allenthalben pestartige Krankheiten, von denen die Städte selbst angesteckt wurden. In der so genannten Vendée waren die im Convente als vernichtet angezeigte Royalisten wieder aufgestanden, und hatten einen beträchtlichen Sieg über die Convents-Truppen erfochten. In Lothringen war ein so gefährlicher Aufstand ausgebrochen, daß man das Land eine neue Vendée nannte. Wir wollen nicht der vielen einzelnen Vorfälle erwähnen, die, alle zusammen, Frankreich auf der steilsten Höhe der Revolution darstellen.

März 1794

Ueber die gegenwärtige streitbare Volksmenge in Frankreich, und einige Erläuterungen

Stück 3, # 01, Seite 225 ff

Es ist im ersten dießjährigen Monatsstücke S. 14 u. f. eine kurze Berechnung von der Volksmenge in Frankreich gegeben worden, zu welcher wir hier einige nähere Aufklärungen, und Beweise nachtragen wollen, um über diesen intereßanten Gegenstand, von welchem so viele falsche Begriffe circuliren, selbst urtheilen zu können.

Wir haben die Anzahl der Menschen in Frankreich beym Anfange des Jahrs 1793 zu 23 Millionen angesetzt. Nach genauerer Ueberrechnung finden wir diese Summe viel zu groß. Daß Frankreich, beym Anfänge der Revolution 26 Millionen Menschen zu Einwohnern gehabt habe, ist eine von den vielen Unwahrheiten, die einer dem andern so hin nachsagt, und die dann, weil es so viele, ohne Zweifel zu äußern, sagen, insgemein geglaubt wird, und für Wahrheit paßirt. Die erste Veranlassung dazu gab Herr Necker. Er sagte, „das reiche und herrliche Königreich Frankreich, enthält, <226> glaube ich, {*je le pense*} beynahe 26 Millionen Menschen."

[…]

Weil man damals Neckers Glauben {dessen Truglichkeit das ›Politische Journal‹ mit der ihm eignen freymüthigen Wahrhaftigkeit gleich anzeigte, und dafür mit Schmähen und groben Anfällen belohnt wurde, bis endlich die große Richterin Zeit dazu kam, und die Wahrheit des Journals im allgemein erleuchtenden Lichte zeigte} weil man damals Neckers Glauben für Orakel hielt, so wurde sogleich allgemein geglaubt, Frankreich habe 26 Millionen Einwohner. […] <226>

Eben dieser Statistiker Moheau, berechnet die Menschenzahl in den Städten Frankreichs zu 6 Millionen 911,058 Seelen, und auf den Dörfern zu 16 Millionen 548.316. Zusammen – 23 Millionen, 459,374 Menschen. [...]

Aufklärungen und Entdeckungen eines Französischen Republikaners, und Adjudanten des Generals Dampiere

Stück 3, # 04, Seite 251 ff

Citoyen Compere, ein ehmaliger Officier bey den Convents-Truppen, und Adjudant des Generals Dampiere, der auch nach dem Tode dieses Generals, noch eine Zeitlang der Republik diente, machte, nachher er die Convents-Fahnen verlassen, folgende Schrift, die er an seine Waffen-Brüder, und an alle Franzosen addreßirte, öffentlich bekannt, und sie enthält so viele intereßante Geständniße, daß wir durch deren Mittheilung, unsern Lesern einen angenehm Dienst zu erweisen hoffen. <252>

Von dem Bürger Compere, ehmaligen Adjudanten des Generals Dampiere, Capitain bey dem ehmaligen Regiment Flandern.

Addreße an seine Waffenbrüder, und an alle Franzosen.

Ich habe die Fahnen der französischen Republik verlassen, nachdem ich euch zur Treue gegen dieselben immerzu ermahnet habe. Ihr hattet also das Recht, mich für einen Betrüger oder Unsinnigen zu halten, wenn ich euch die Gründe vorenthielte, welche mich zur Desertion bewogen haben. Zu dieser Rechenschaft halte ich mich gegen euch um so mehr verpflichtet, als ich durch meine Rathschläge an dem Irthume, der euch in diese Lage gestürzt, und in derselben aufgehalten hat, Theil genommen habe. Pflicht ist es mir, und meine Anhänglichkeit an mein Vaterland legt mit auf, euch von dem Abgrunde, den ich eurem Pfade zubereiten half, aufklärende Begriffe zu geben.

Niemand nahm wohl mehr an dem republikanischen System Antheil, als ich. Nichts verbindet mich, euch dieses öffentliche Geständniß zu thun, da ich vor den Gefahren gesichert bin, welche derjenige in Frankreich, der anders denkt, ausgesetzt ist; vielmehr würde mir alles das Verbot desselben anzukündigen scheinen, da ich unter dem Schutze einer monarchischen Regierung lebe, wo man den glücklichsten Freyheits-Hauch einathmet; hatte ich aber Kränkungen zu erfahren, so muß ich, um diese auszusöhnen, dies Geständniß thun.

Als ich mein Vaterland verließ, so floh ich nicht aus einer republikanischen Regierung; es ist dieß ein unglückliches, der Anarchie preisgegebenes Land, in welchem die Völkerschaften unter dem Joche der grausamsten Tyrannen seufzen. Ich habe nicht mehr an der bewafneten Macht, die es auf die schauervollste Art gebraucht, um die edelmüthigste Nation voriger Zeiten in die grausamste Sclaverey zu ziehen und zu stürzen, und die es zu einem Neste für Bösewichter umgewandelt hat, da es einen Theil der Einwohner durch den andern erwürgen läßt, Antheil nehmen wollen. Von Wahrheiten erschüttert, die ich euch vor Augen legen will, werdet ihr <253> dem Irthume abschwören, der euch zu Schlachtopfern, zum Spiele der Schurken macht, die eure Leichtgläubigkeit mißbrauchen, um sich auf den Ruinen unsers Vaterlandes zu erheben. Ihr werdet ihre Feßeln zerbrechen, werdet hieher kommen; und dann wollen wir uns mit einander vereinigen, dieses unser Vaterland zu retten, und Friede und Wohlfahrt wieder in dasselbe einzuführen.

Im Oktober kam Jemand zu mir, der durch eine Schrift, an deren Hand und Siegel ich Robespierre als deren Verfaßer erkannte, mit bewies, daß er von diesem Manne, dem ich mit Liebe zugethan war, einen vertraulichen Auftrag an mich habe; bald darauf warf er das Papier, wodurch er mein Vertrauen sich erwerben sollte, ins Feuer. Er sagte: „In großen National-Unruhen erheben sich immer Männer vom Verdienste: Robespierre, dieses allumfassende Genie, dessen weit hinausreichende Absichten und Hinterhalt ihnen bekannt sind, verlangt Sie zu seinem Mitgehülfen. Merken Sie also auf die großen Projecte und Einsichten dieses Mannes.

Kaum deputirte man ihn zur Versamlung der allgemeinen Stände, so entwarf er schon das Project zur größten der Revolutionen. Er wollte Frankreich auf den Gipfel seiner Bestimmungen erheben, und eine Republik, welche den ganzen Erdkreis beherrscht, aus demselben machen, oder es bis zu seiner Existenz zernichten, wenn der Erfolg seine Hofnungen nicht bekrönen würde. Er verband sich mit Mirabeau und noch einigen andern dieses Gelichters. Sie formirten einen geheimen Ausschuß, der das grosse Werk in mächtige Bewegung setzen sollte. Orleans {der nachmalige sogenannte Egalité} und einige andere Große, waren ihre Spießgesellen, der Ball mit dem sie spielten, ohne daß man den Umfang ihrer Absichten argwohnte. Das vom Egalité und noch einem andern, dessen Benennung hier unnütz seyn würde, gezogene Geld, war erklecklich, die ersten Volksbewegungen zu besolden. Die stürmische Unbesonnenheit der Nation, auf welche sie rechneten, brachte die Unordnung bald zu jenen Exceßen, die der Revolution vorhergehen mußten; allein zur Ausführung so weitumfaßender Projekte bedurfte es noch anderer Hülfsmittel. Man dachte <254> auf Aßignaten, weil die Urheber de großen Werks wohl einsahen, daß dieselben Frankreich, seine Künste, und seine Manufacturen zu Grunde richten würden. Doch, was liegt an dem Elende und an dem Untergange der jetzigen Generation, wenn es um eine große Umänderung in der allgemeinen Ordnung der Dinge zu thun ist. Auf Wesen, die durch unrühmliche Bequemlichkeit, durch Begriffe von Anständigkeit, von Eigenthum und Frieden sich weich finden lassen, konnten sie nicht rechnen. Man muß, sagte der große Robespierre in dem geheimen Ausschuß, man muß den Gemeingeist Frankreichs umändern; man muß ihm eine den großen Absichten, die wir mit ihm vorhaben, gemässere Richtung geben. Man muß an die Stelle der Eigenschaften des Edelmanns, des Kaufmanns, des Manufacturisten, des Künstlers, des rechtschaffenen Mannes, welche die Völker in besondere Zweige zertheilen, den wahrhaft unabhängigen Namen der Sansculotten, oder der Vagabonden eintreten lassen, die sich um nichts bekümmern, die, ohne etwas zu befürchten oder zu erröthen, alles zu wagen und alles zu unternehmen geneigt sind. Man muß endlich die Nation dahin bringen, daß sie sich einen Titel, eine Ehre, eine Sicherheit dieses Namens verschaft.

Kaum harte Robespierre seine so originellen als romantischen Ideen vorgetragen, so belachte ihn das Comite. Aber ein großer Mann, der aus der Geschichte der Jahrhunderte den Pöbel hat kennen lernen, weiß bald die Möglichkeit der unglaublichsten Dinge zu beweisen. Die Höhe, zu der der Sansculotismus stieg, welcher heut zu Tage mit dem, was tugendhaft und tapfer, und nur allem was man das vorzüglichst Gute nennen kann, gleichlautend ist, beweißt dir, mein Lieber, daß Kraftgenien, welche die Folgezeit eben so wie die gegenwärtige, zu umfassen und zu beurtheilen wissen, nichts unmöglich ist.

Robespierre ließ hierauf merken, daß die Vortheile der Aßignate {welche nach Belieben zu vervielfältigen dem Comite ein Leichtes wäre} nicht allein ihn in den Stand setzen würden, Soldaten sich zu verschaffen, und alle diejenigen von ihm abhängig zu machen, welche der Umsturz der Künste und <255> die Vorschwindung des baaren Geldes an den Bettelstab bringen würde; er bewieß noch, daß diese erdachte Münze ihm das Mittel anbieten würde, alle geheimen und öffentlichen Agenten der Revolution zu besolden und sich durch Aufwechsel das Geld von Frankreich und aller Länder zu verschaffen.

Du kennst den Gang der Revolution, versetzte der Agent, ich will davon mit dir reden.

Robespierre, im Einverständnis mit Mirabeau, hat den Jacobiner-Club und alle damit verstandenen Gesellschaften, die zu ihrer Absicht behülflich seyn sollten, errichtet. Robespierre, ganz von der Nothwendigkeit überzeugt, sich die geheimen überall verbreiteten Commissarien persönlich an sich zu ziehen, zeigte diejenigen an, welche man salariren müsse, und benachrichtigte diese sogleich von den Belohnungen die sie empfangen sollten, um sich allein die Gesinnungen ihrer Erkentlichkeit zuzueignen. Hierdurch machte dieses Genie dieselben sich dermaßen unterwürfig, als ob er sie mit seinem eigenen Vermögen bereichert hätte; er vermehrte auf diese Art seine Creaturen, seine Stützen.

Mirabeau schien dem Robespierre bald ein gefährlicher Nebenbuhler zu werden. Seine Unbeständigkeit ließ besorgen, daß er zur Königs-Parthey übertreten, das Geheimniß des Ausschußes verrathen und der Regierung die Mittel an die Hand geben möchte, seine Projekte zu vernichten. Er starb zu rechter Zeit eines Todes, wovon man den Urheber argwohnen konnte, ohne ihm zu schaden.

Hier unterbrach ich den Agenten mit diesen Worten; Du weißt, daß in die Arbeit der Constitution Niemand mehr Einfluß hatte als Robespierre; diese Constitution kam endlich zu Stande und nach derselben war Frankreich nichts anders als eine Republik, indessen die Volksrepräsentanten mit den Verwaltungs-Corps aller Theile des Königreichs in übereinstimmender Thätigkeit waren ... Der König war nur das Scheinbild eines Beherrschers. Er schien bestimmt zu seyn die Leidenschaften der Repräsentanten zu bezähmen, ob ihm gleich hiezu die eigentliche Macht fehlte. Indeßen war dieß der nämliche Robespierre, der als einer der vornehmsten Mitarbeiter an der Constitution dieselbe zuerst antastete. Du hast wohl den Vorfall auf dem Marsfelde nicht vergeßen, wo er und Brißot <256> einen großen Anhang versammelt hat, um dieselbe unter dem Vorwande umzustürzen, daß sie dem Könige zu viel Ansehen einräumte, das er aber nicht mehr hatte. Du weißt auch, daß die Flintenschüße, welche Bailly und Lafayette im Namen der Constitution haben abbrennen lassen, die Ruhe wiederhergestellt haben. Wie kannst du mir diesen Widerspruch erklären. –

Weit entfernt, Robespier[r]e entgegen zu seyn, sagte dessen Agent, so wird doch deine Bemerkung sein Verdienst noch mehr in seinen Folgen erkennen. Du wirst sehen, daß große Genie sich über alle Hinderniße wegzusetzen und alles zu ihrem Zwecke hinzuleiten wissen, wenn du nur überlegst, daß die meisten Anhänger der Revolution von dieser thierischen Art waren, die sich blos nach der Gewohnheit richtet. Bey der Gewohnheit an einen König würde jede Verwüstung unnöthig geworden seyn, wenn man den Mann, der von der wieder eingewiegte Königswürde allein übrig blieb, hätte vernichten wollen. Die Franzosen gaben dieser Constitution, die sie in den unanständigen Schlummer, aus dem man sie erweckte, ihren Beyfall. Ein nicht so tiefdenkendes Genie wurde seine weit umfassende Projecte schon verloren gegeben haben; Frankreich würde platterdings royalistisch-constitutionell, oder wenn du willst, republikanisch-royalistisch, auf sein Gebiet beschränkt seyn, nicht freye Luft athmen können, und dem Königsnamen ihrer Politik, und dem Respecte für das unnütze Geplauder der Tractaten, welche der Volk-Freyheit Zwang anlegen, gestöhnt haben. Die Emissarien des Robespierre haben durch sein geheimes Eingeben in allen Theilen des Königreichs ihre Stimme erhoben, der Anhang der Constitution wurde zernichtet, und noch weit ärger als die Royalisten verfolgt.

Robespierres Genie äußerte sich nach und nach von Versamlung zu Versamlung bis zum National-Convente. Er ließ zu demselben die Chabots, Fauchets, und andre kommen, welche er zu seinen Absichten nöthig hatte. Durch dieses erhabene Einverständniß, das dem Volke die künstliche Ueberzeugung beybrachte, der König sey wegen des Projectes, dessen Opfer er geworden ist, schuldig, traten die Ereigniße des 10ten Augusts ein, und der König verschwand. Dieß war der erste Grundstein, auf welchem das große Gebäude gestützet wurde. <257>

Aber, sagte ich zu dem Redner, haben uns die Brabanter in der Hofnung, daß wir ihre Constitution schützen werden, aufgenommen; warum hat man denn ihre Kirchen ausrauben lassen etc. …

Stille, versetzte er darauf, ich verstehe dich; denke nur nach, und du wirst einsehen, daß die Bahn, die zur Ordnung führet, unsern weitläuftigen Entwürfen nicht ersprieslich seyn konnte. Wir sind nicht dahin gekommen, die Wohlfahrt dieses Volks zu fördern, sondern dasselbe in einen allgemeinen Revolutionsstand zu versetzen. Nicht die Freunde der Ordnung, sondern die Schurken mußten gewonnen werden. Die Anarchie war der einzige Weg, zu unserm Zwecke zu gelangen; die Bahn mußte durch Unordnungen werden. Man bedurfte der Kirchenschätze, um sie gebrochen nach Frankreich zu schicken, und der Contributionen, um den Eifer derjenigen zu unterhalten, welche allein den zu Bewirkung der allgemeinen Revolution erforderlichen Nachdruck hatten. Die Eroberung Hollands und Englands schmeichelte dem Convente mit der Hofnung, unsere Aßignaten gegen ihre Ducaten, Guineen und Reichthümer vertauschen zu können; diese Eroberung sollte durch die von unsern Emissarien ausgestreute Unordnungen, Mißverständnis und Spaltungen unterstützt werden. Die Anarchie, welche wir in Brabant unterhielten und die von Thoren, welche die Gleichheit nicht kennen, gescholten ward, war unsern Absichten um desto zuträglicher, je mehr sie unsern Freunden, den Sansculotten dieses Landes behaglich seyn mußte, die schon auf den Raub rechneten, den unser Einfall in Holland und England ihnen darbieten würde.

Dumouriers Anschläge ließen besorgen, daß er nicht eher die Herrschaft ausüben wolle, bis er der Anhänglichkeit seiner Truppen an ihn durch übertriebne Freygebigkeit, welche er von den in diesem Lande erhobenen und der Versamlung entzogenen Summen hätte bestreiten können, versichert war.

Die Belagerung von Mastricht, welche unser politische Ueberschlag auf den December festgesetzt hatte, weil damals diese Stadt ohne Vertheidigung war, wurde wegen dieses über Dumourier geschöpften Argwohns verschoben. Dieß sollte zwar nicht lange anstehen, allein Robespierre und seine Freunde konnten über die Umstände, welche diesen General <258> entfernen sollten, nicht gebieten. Die Belagerung wurde, wider unsern Willen, noch länger aufgeschoben, und unsere Truppen mußten sogar den leidigen Rückzug bis nach unsern Grenzen antreten.

Eine große Herzhaftigkeit wird durch einige Unfälle nicht gemindert. Frankreichs ungeheure Volksmasse setzt uns in den Stand, einige 100,000 Mann mehr oder weniger aufzuopfern, um unsere Feinde zurück zu halten, sie zu ermüden, und uns wieder mit desto größerm Nachdrucke bey ihnen einfinden zu können.

Warum aber, fragte ich den Agenten, warum Brißots Tod, der sich doch mit dem Robespierre von der Epoche des Marsfeldes an, immer als den eifrigsten Republikaner bezeigt hat? Man hat Brißot guillotinirt, der doch wie Robespierre, der Mann des Volkes war und auch Bailly, weil er auf die Männer und auf dieses Volk, das auf dem

Marsfelde versammelt war, Feuer geben ließ. Du kennst nicht, versetzte er, den Ehrgeitz Brißots und seiner Vertrauten. Er war ein Gegner der Parthey des Robespierre, sein Tod schien also nothwendig. Nun schwieg der Agent des Robespierre.

{Die Fortsetzung folgt.}

Frankreichs wilder Zustand, und Begebenheiten, bis zum 10ten März

Stück 3, # 07, Seite 275 ff

Das Urtheil, welche wir schon im vorigen Monate {S. 212} von der Situation der Dinge in Frankreich, und in Paris, gefällt haben, daß dieser unglückliche Staat auf der steilsten Höhe der Revolution stehe, ist durch die Begebenheiten des Zeitraums, welchen wir hier zu beschreiben haben, nur zu sehr bestätigt worden. Wir wollen, wie es eine zusammenhängende Geschichte erfordert, alles in fortgehender chronologischer Ordnung erzehlen. –

Die heftige, so genannte Ultra-Revolutions-Parthey bekam die Mitglieder des Sicherheits-Ausschußes, welcher aus 16 meistens blutdürstigen Personen bestand, fast ganz auf ihre Seite. Die etwas zur Moderation <276> geneigte[12] Parthey des Wohlfarts-Ausschußes verlor dadurch einen Theil derjenigen Autorität, welche ihr eine Art von Bestand gesichert hatte. Mit dieser Autorität wurde auch die des Convents so sehr verringert, daß alles was in dieser Versamlung vorgieng, nur nothwendige Folgen von dem was die herrschenden Partheyen, und vornehmlich der Jacobiner und der Cordelier Klub durchsetzen wollten, und übrigens wilde Reden, und unbedeutende, nur individuelle Gegenstände betreffende, Vornehmungen waren.

Die Partheyen wurden gegen einander immer mehr erhitzt. Robespierre suchte anfänglich der Mittelsmann zwischen beyden

---

[12] Die Seiten 276 und 277 fehlen in dem Online-Exemplar der BSB München; sie sind nachgetragen aus dem Exemplar der Hathi Trust: https://babel.hathitrust.org/cgi/pt?id=njp.32101065354027&view=1up&seq=5 .

Partheyen zu seyn, in der ehrgeizigen Absicht, sich dadurch den Weg
zu dem Gipfel zu bahnen, nach welchem er trachtet. Als er aber sahe,
daß sein listiges Schwanken zwischen beyden Partheyen beyde nur
noch erhitzter machte, so wurde er krank, und ließ sich weder im Jacobiner-Klub, noch im Convente sehen. Man hielt in ganz Paris diese
Krankheit für ein Manoeuver von Robespierre, und erinnerte sich, daß
er ebenfalls am 10ten August 1792, und in den Mordtagen des Septembers sich nicht hatte sehen lassen, obgleich allgemein gesagt wurde,
daß eben dieser Robespierre in seinen dunkeln Winkel alle jene Scenen
veranstaltet, und geleitet hätte. Während dieser Krankheit des Robespierre, welches wohl zu bemerken ist, stieg der Mangel an Brod, besonders Fleisch, und an allen Lebensmitteln in Paris bis zu einem
schrecklichen Grad, der eine Hungersnoth herbeyführte. Barrere, das
fast beständige Organ des Wohlfarts-Ausschußes, schlug am 11 Febr.
im Convente ein patriotisches Fasten vor, und ein Decret, daß Jedermann bis zum 24 Junius sich des Fleisches enthalten sollte. Die Admi-
nistratoren von Paris gaben auch ein Gesetz, daß Niemand, als Kranke,
und Kindbetterinnen, Fleisch bekommen sollten. Aber dadurch kam
eine große Gährung unter das Volk. Es stürmte noch vor Tagesanbruch
nach den Fleischerbuden, beklagte sich öffentlich über den Convent,
und die Administration, <277> und drohte mit heftigen Ausbrüchen.
Die bewafnete Macht der National-Garden mußte unaufhörlich in Bewegung seyn, und es gelang ihr nicht immer, die ungestüme Menge
zu beruhigen, oder zu vertreiben. Sie mußte manchmal selbst weichen.

Um dem Volke Schrecken einzujagen, gieng die Guillotine einen raschen Gang. Täglich wurden mehrere Personen hingerichtet.
Von Posttage zu Posttage meldete man in den Briefen aus Paris, daß
12, 15 bis 22 Personen, und mehrere durch das Meßer der Guillotine
getödtet worden waren. Die Arretirungen – welche, wie man im Convente selbst klagte, so willkürlich wurden, daß einzelne Personen diejenigen die sie haßten, in Verhaft bringen liessen – wurden immer zahlreicher. Am 4ten März belief sich die Zahl der Gefangnen in Paris
schon weit über sechs tausend. Viele brachten sich aus Verzweiflung,
und um der Guillotine zu entgehen, selbst um. Unter diesen bemerkte
man vorzüglich, den ehmaligen Cardinal von Brienne, welcher im

Jahre 1788 Principal-Minister war, und von Necker verdrängt wurde, aus Verdruß darüber, nachher ein Feind des Hofes wurde, und sich von den Revolutions-Männern zu der ersten Niederdrückung der Geistlichkeit selbst brauchen ließ, nachdem er ein geschworner konstitutioneller Priester geworden war. So wie alle Anführer der Revolution aus dem Wege geschaft worden sind, so wollte man auch ihn nun zu diesem Ende führen. Er wurde arretirt, und da er merkte, daß ihn die Guillotine erwartete, brachte er sich durch Gift um.

Je stärker die Gährung in Paris wurde, desto stärker machte man das Schrecken zur Ordnung des Tages. St. Just sagte in einer Rede, die er im Convente, am 26sten Februar hielt,

> die Freyheit des Volks könne nur durch das Schwerdt erhalten werden, und man müße seine Ohren dem Geschreye der Gegen-Revolutionisten verstopfen, man müsse die Revolution nicht zur Hälfte vollbringen, sondern ganz. {Das bisherige was in Frankreich vorgegangen ist, war also nur die <278> Hälfte von der Revolution des Citoyen Just.} In einer Republik, sagte er, müßten weder Arme noch Reiche seyn, es müsse eine Gleichheit des Glücks statt finden.

Der Sicherheits-Ausschuß bekam nun eine unumschränkte Gewalt, in Absicht der Verhaftnehmungen, und alle Güter derjenigen, die man für Feinde der Republik erklären würde, sollen confiscirt werden. Aus diesem Grunde wurden in fast allen Departements alle Adliche arretirt, in einigen Departements die noch übrigen Schlößer zerstört.

Man hat es schon lange gesehen, daß nicht blos die Adlichen, sondern auch die wohlhabenden Bürger, besonders die Kaufleute, die Gegenstände der Verfolgungen gewesen sind, welches auch dem unsinnigen Grundsatze, daß keiner reich und keiner arm, sondern alle Menschen gleich reich seyn sollen, gemäß war. Kürzlich ist aber auch die Reihe an die Landleute gekommen. In dem Klubbe der Cordelier wurde die Bemerkung gemacht, daß der Geiz der Landleute die Ursache der Theurung und des Mangels in Paris sey; die Klaße Menschen, sagte man, auf dem Lande, welche bey der Revolution am meisten gewonnen hat, ist das verzogne Kind unsrer neuen Regierung geworden.

Man müsse also die Revolutions-Armeen vermehren, und die Guillotine voran gehn lassen, und so die Landleute zwingen, was sie hätten, und die Städte bedürften, herzugeben. In den Grenz-Provinzen ist dieß schon geschehen. Alle Vorräthe haben zu den Armeen hergegeben werden müssen, und man hat den Landleuten nur das was zum dürftigsten Unterhalte für die Weiber und alten Leute, auf einige Monate nöthig war, gelassen.

Die beyden Klubbe, der Jacobiner, und der Cordelier welche dem Convente die Gesetze vorschrieben, die er machen mußte, kamen im Anfänge des März in einen harten Zwist gegen einander selbst. Die Jacobiner erklärten, daß Fabre d'Eglantine, Philippeaux, Bourdon, und

Camille Desmoulins ihr Zutrauen verloren hätten, und für Verräther des Vaterlandes erklärt würden. <279>

Da diese Personen, besonders Camille Desmoulins, in der bittersten Feindschaft mit Hebert, dem berüchtigten zweyten Marat. und heftigsten Mitgliede des Cordelier-Klubs, standen, so gab dieß zu einer augenblicklichen Aussöhnung Gelegenheit. Beyde Klubbe schickten Deputirte an einander, und versicherten sich der Einigkeit. Aber diese dauerte nicht lange. Am 4ten März warf man dem Hebert im Cordelier-Klubbe vor, daß er nicht mehr auf der Höhe der Revolution stehe, und von seiner Strenge und Heftigkeit nachgelassen habe und rieth ihm, wieder so stark, wie sonst zu sprechen, und zu schreiben. Nun wollte er sich gleich so zeigen, und sagte, daß ihn eine Faction zurück hielte, welche die Anhänger Brissots, und die 61 noch lebenden verdächtigen Convents-Deputirten retten wollte, daß er aber nun nichts weiter schonen wolle. Darauf sagte er

> die Ehrgeizigen, die Ehrgeizigen, diese sind es die man verfolgen muß, jene Menschen, die alles in Bewegung setzen, und alles anwenden, um sich zu erheben, die sich indessen selbst hinter dem Vorhange verbergen, die, je mehr Ansehn sie haben, nur desto unersättlicher werden, und welche allein regieren wollen. Seit zwey Monaten beobachte ich sie, und halte mich zurück, aber ich werde mich nun nicht länger zurück halten: vergeblich werden sie Eingriffe in meine Freyheit thun. Ich weiß ihre Schliche, und ich werde Vertheidiger um mich haben.

Viele Stimmen riefen ihm zu. „Ja, ja!"

Nach dieser Aeußerung, deren Gegenstände man bald erkannte, verbreitete sich in Paris das Gerücht, Robespierre habe in der Stille Paris verlassen. Wenigstens ließ er sich nicht sehen, und man sagte, er sey krank. Barrere wollte nicht mehr im Wohlfarts-Ausschuße sitzen, ließ sich aber erbitten noch ferner ein Mitglied zu bleiben. Hebert, durch seine Faction erhitzt, donnerte von neuen gegen Camille Desmoulins, den er für einen Besoldeten von Pitt und Koburg ausgab, gegen Vincent, Ronsin, gegen einige Mitglieder des executiven <280> Conseils, und schloß mit der Erklärung: „Eine neue Insurrection, eine

Ergreifung der Waffen gegen die Unterdrücker ist das einzige Rettungs-Mittel." Er erhielt lebhaften Beyfall, von den Mitgliedern des Cordelier-Klubs. Man verhüllte die Tafel der Menschen-Rechte mit einem Schleyer, und beschloß, den Schleyer nicht eher wegzunehmen, bis alle Intriganten vertilgt waren, und die Freyheit hergestellt sey.

In den folgenden Tagen wurde es in Paris so unruhig, daß man stündlich einen großen Aufstand erwartete. Barrere machte am 6 März dem Convente davon einen Bericht, in welchem er sagte:

> Man sieht jeden Tag neue Ränke schmieden. Man hat Zettel und
> Briefe ausgestreut, und an die Mauern geklebt, in welchem man
> das Volk auffodert, die Waffen zu ergreifen, und den Convent
> zu vernichten, in welchem man offenbar einen Regenten, ein
> Oberhaupt fodert. Aber der Convent, und die Freyheit werden
> triumphiren.

Da auf die letzten Worte, dergleichen die Redner immer am Ende ihrer Reden bisher brauchten, um Applaudirungen zu verursachen, keine Applaudirungen erfolgten, keine Stimme sich hören ließ, {ein übles Zeichen für den Convent} so schlug Barrere vor, der öffentliche Ankläger sollte die Urheber jener Zettel, und der Volks-Unruhen zu erforschen suchen, und davon dem Convente Bericht erstatten. Dieß geschah. Am 9ten meldete der öffentliche Ankläger dem Convente, daß man noch den Tag vorher aufrührerische Zettel, in welchem das Volk zur Ergreifung der Waffen zur Vernichtung des Convents und der constituirten Autoritäten, aufgefodert werde, habe verbreiten sehen, daß er selbst Bürger habe aufrührerische Reden führen hören, daß an der Existenz eines Complotts gegen den Convent nicht zu zweifeln wäre, daß man aber noch nichts bestimmtes weiter davon habe entdecken können.

Das häufige Rufen auf den Straßen: „keinen Convent, Brod, und einen König!" Oder auch: „Keinen Convent, Brod, und einen Regenten!" und die Unruhen <281> und Tumulte bey den Fleisch- und Fisch-Hallen, und die Drohungen, die man allenthalben hörte, setzten den Commandanten der National-Garden in Paris, Henriot, in solche Furcht, daß er eine Addreße an die Fischweiber ergehen ließ, in welcher er sie bat, sich doch als gute Republikanerinnen zu betragen, und er wagte es nicht mehr, in jenen Tagen, Gewalt brauchen zu lassen.

Unter diesen Umständen setzten die Häupter der herrschenden Parthey alles daran, um die beyden allmächtigen Klubbe unter sich selbst, und mit dem Convente in Übereinstimmung zu bringen. Collot d'Herbois, ein Mitglied des Convents, des Wohlfarts-Ausschußes, und des Jacobiner Klubs, hielt am 9ten März eine Rede in dem Klubbe, in welcher er nach langen Tiraden anzeigte, daß eine Empörung zu befürchten sey, daß die gesetzten Autoritäten ohne Unterstützung der Jacobiner, sich zurück ziehen müßten, und der Wohlfarts-Ausschuß, in Hinsicht dieser Unterstützung sehr strenge Maaßregeln ergreifen würde, daß der Cordelier-Klub irre geführt sey, daß viele in jenem Klubbe die Grundsätze der andern mißbilligten, daß man Hofnung zu einer Vereinigung mit den Cordeliern habe. Darauf gieng eine Deputation der Jacobiner an die Cordelier ab, wobey Collot d'Herbois selbst war, welcher den Cordeliern die Freundschaft der Jacobiner antrug, und eine Erklärung bewirkte, daß die Cordelier unter einer Insurrection nichts anders verstanden hätten, als eine Zusammentretung mit den Patrioten und den Jacobinern, um die Verräther und Unterdrücker zu bestrafen. Es wurde auch der Schleyer, der die Menschenrechte bedeckte, wieder weggenommen, und den Jacobinern als ein Zeichen der Freundschaft überschickt.

Der Wohlfarts-Ausschuß nahm indessen alle die Kräfte, die er noch hatte, zusammen, um sich, und den Convent zu erhalten, und die erste Maaßregel, welche er vornahm, war die, die Stadt Paris in Belagerungs-Stand gesetzt zu erklären, wodurch er eine militairische unumschränkte Gewalt errichten konnte. <282>

Aber, beym Abgange der Post aus Paris vom 10ten März war alles in der gespanntesten Bewegung.

Während dieses Zeitraums, bis zum 10ten März, war in den Provinzen des Reichs alles zu Empörungen gestimmt, und die Grausamkeiten der allenthalben hin versendeten Convents-Commmissarien brachten alle Einwohner zum äußersten Unwillen. In Nantes wurden die gefangnen Royalisten, und andere eingezogne Personen zu Hunderten theils todtgeschoßen, theils in der Loire ersäuft. In einer

Gegend dieses Flußes lagen über 200 Leichen, deren Fäulniß und Gestank Seuchen verursachte.

Man glaubte in Paris, und Barrere versicherte im Convente, daß die Royalisten in der Vendée vertilgt waren. Und plötzlich waren sie aufgestanden, und setzten den ganzen Convent in Schrecken. Sie hatten einen großen Sieg am 22 Februar erfochten, die versammelte zahlreiche Convents-Armee, welche sie einschließen wollte, total geschlagen, ganz zerstreut, alle Artillerie erobert, und freye Hände in der ganzen Provinz gewonnen. Der Jacobiner Klub bekam selbst ein Schreiben, in welchem man ihm meldete:

> Gegen Abend, am 22 Februar griffen die Rebellen bey Doue und Vihiers mit solcher Wuth unsre Colonne an, daß sie gleich wichen, und in völlige Unordnung geriethen. Das Geschrey der Generale, und aller Officiere, und die süßen Namen, Vaterland und Republik, konnten unsre Truppen nicht wieder in Ordnung bringen. Der Feind verfolgte sie bis St. Florent, wo ein entsetzliches Blutbad unter ihnen angerichtet wurde. Dieser Tag kostet der Republik zwey Generale, und wenigstens 6,000 Republikaner. Die Straßen von Vihiers, und von Beaupreau nach St. Florent waren mit Leichen bedeckt. Man sahe allenthalben Weiber und Männer, welche mit Sensen, und andern Werkzeugen bewafnet waren, und alles ohne Mitleid niedermachten. Die Siege der Rebellen haben alle Departements zur Aufwieglung gereizt, und es steht zu besorgen, daß ganz Bretagne sich für sie erkläre. Sie haben eine Proklamation bekannt gemacht, in welcher sie <283> alle Bewohner der benachbarten Departements einladen, an ihrem Siege Theil zu nehmen, und die Schmach Gottes und seiner Altäre, und die des Throns zu rächen.

Ein Schreiben aus Dieppe enthielt ebendiese Nachrichten, und zugleich, daß sich die Royalisten-Armee täglich vermehre, und schon am 27 Februar über 60,000 Mann stark gewesen sey.

Carrier, ein Convents-Deputirter, der aus der Vendée zurück kam, bestätigte als Augenzeuge, diese Nachrichten durch seinen eignen Bericht im Convente. Er sagte:

> Es ist Zeit, daß man richtige Begriffe von dem unglücklichen Kriege in der Vendée bekomme. Der Convent ist sehr betrogen

worden, als man ihm sagte, daß nichts mehr zu befürchten sey, denn 16 ganze Districte sind voller Contre-Revolution. Alles was zwischen der Loire und dem Meere liegt, bis nach Saumur hin, hat sich gegen die Republik verschworen.

So sagte Carriere im Convente. Ganz Bretagne, setzte er hinzu, von einem Ende zum andern, erwartet nur den geringsten Funken, um in offenbaren Krieg gegen den Convent zu treten. Zu Brest war bereits ein so gefährlicher Aufstand erfolgt, daß man Truppen mit Postpferden dahin schicken mußte.

Eben so versammelten sich bewafnete Haufen an den Grenzen der Normandie. Bey Dieppe waren schon 7,000 Mann beysammen. Die ganze Provinz Limousin war im allgemeinen Aufstande. Der ehmalige Commandant zu Lyon, Precy, war an der Spitze eines zahlreichen Corps in diese Provinz gekommen, und hatte bald alle Einwohner zu seinen Anhängern gemacht. Er marschirte nach Poitou, der so genannten Vendée, um sich mit den dasigen Royalisten zu vereinigen.

In den mittägigen Provinzen erwartete man nur den ersten günstigen Augenblick, um die Waffen gegen den Convent zu ergreifen. Die Provence war schon voller tumultuarischer Bewegungen. Ein gewisser Allier, spielte dabei die Hauptrolle, und gieng von Ort zu Ort, um das allgemeine Mißvergnügen zum Ausbruche <284> zu bringen, welcher zu Nismes schon seinen Anfang genommen hatte.

In Bordeaux war ein solcher Mangel an den Bedürfnissen der ersten Nothwendigkeit, daß die Hungersnoth schon ihren Anfang nahm. In Strasburg widersetzte sich die Bürgerschaft, dem Befehle, zu der Armee zu marschiren, mit gewafneter Hand. Es wurde Blut vergoßen, und die Bürgerschaft ließ sich nicht zwingen. Das Elend hatte daselbst, wie in allen Gegenden in Frankreich, den höchsten Grad erreicht.

Selbst die Truppen äußerten lautes Mißvergnügen, versagten ihren Generalen den Gehorsam, und viele liefen täglich davon. Von einem Corps von 13,000 Mann, welches gegen die Royalisten in der Vendée zur Verstärkung der dasigen Convents-Truppen geschickt worden war, gieng fast alles zu den Royalisten über.

Der Zustand in ganz Frankreich, und in Paris selbst war am 10ten März so beschaffen, daß große neue Revolutions-Scenen in der nahen Vorbereitung, und im Anzuge waren.

Französischer Krieg. Fortsetzung

Stück 3, # 08, Seite 284 ff

Noch sind bey Abfaßung dieses Artikels keine Nachrichten von wichtigen Begebenheiten bey den Armeen eingetroffen. Die lange regnerische Witterung am Ende des Februars, und Anfänge des März verhinderte alle Unternehmungen. Die Wege waren so grundlos, daß der General Pichegru an den Wohlfarts-Ausschuß meldete, es sey nicht eine vierpfündige Kanone eine halbe Meile weit fortzubringen. Unterdessen wurden die Kriegs-Vorbereitungen und Anstalten von allen Seiten mit starkem Eifer betrieben. Die Englische Armee, unter der Anführung des Herzogs von York, erwartete noch viele Verstärkungen, von 6,000 Hannoveranern, von 7,000 Mann <285> aus England und Schottland, und sollte zusammen mit den teutschen Truppen über 50,000 Man stark werden. Die Holländische Armee, zu welcher am 11ten März auch die Garde-Regimenter abgiengen, formirte ein Corps von 25,000 Mann. Die gesammte unter dem Oberbefehle des Prinzen von Koburg stehende Armee rechnete man über 200,000 Mann. Eben so stark und noch zahlreicher war die französische Armee, welche große Verstärkungen von der Rhein- und Mosel-Armee, und durch das in Artois, Flandern, und andern Provinzen zusammengetriebne Landvolk bekommen hatte. Die französischen Truppen aber waren, nach vielen einstimmigen Berichten, höchst mißvergnügt, und so widerspenstig, daß der General Pichegru keine Ordnung und Folgeleistung unter ihnen bewerkstelligen konnte. Ob es gleich bey seiner Armee nicht an Lebensmitteln fehlte, so war die Desertion doch so überaus groß, daß man zu den schrecklichen Mitteln schreiten mußte, den Soldaten zu verkündigen, man würde für jeden Deserteur sich an dessen Eltern, Geschwister, Kinder, oder Verwandte rächen, und die Soldaten mußten deswegen ihre Verwandten und deren Oerter schriftlich aufzeichnen. Solche Härte der Rache an Unschuldige erbitterte die Truppen nur noch mehr. Sie liefen häufig zu den Alliirten über, jeden Tag kamen 9 bis 12, an manchen Tagen 40 bis 50 an. Sie bekamen alle Dienste, wenn sie wollten, bey dem Regimente, *Royal Emigré*, oder Arbeit in Brabant, oder Päße.

Die Französischen Truppen hatten drey Hauptlager, eines zwischen St. Quentin und Guise, das zweyte bey Cambray, und das dritte bey Landrecy. Sie machten viele Bewegungen, und schienen Westflandern zu bedrohen, aber ihre Hauptmacht zog sich doch gegen Cambray und Landrecy, von daher sie auch etwas vorrückten.

Zwischen den leichten vorausstreifenden Corps, und an verschiednen Vorposten kam es zu öftern hitzigen Gefechten, die nichts entschieden, aber doch Volk kosteten. <285>

Dergleichen Scharmützel waren bey Dornik, bey Bouchain, auch im Luxemburgschen, wo der General Beaulieu ein plünderndes starkes Detaschement angreifen ließ, wovon 200 getödtet, 130 gefangen genommen, und die geraubten Sachen wieder erbeutet wurden.

Am 5ten März setzte sich die Kaiserliche Hauptarmee in Marsch. Das Centrum wurde von Valenciennes nach Bermerain verlegt; der linke Flügel unter den Befehlen des Fürsten von Hohenlohe veränderte auch seine Position, um sich mehr auszudehnen. Es kam dabey zu verschiednen Scharmützeln, die fast alle zum Vortheile der Kaiserlichen sich endigten. Der rechte Flügel, unter der Anführung des Grafen von Clerfait, rückte über Baisieux, und Templeneuve vor: Die beyderseitigen Armeen waren nun so nahe an einander, daß man täglich ein blutiges Haupttreffen erwartete.

Am Rheine war noch alles auf allen Seiten in den Stand-Quartieren. Indessen fielen an verschiednen Orten, zu Rheingehnheim, zu Mundenheim, und anderer Orten einzelne Postengefechte und Scharmützel vor. Die meisten Kaiserlichen Truppen lagen in der Gegend von Heidelberg. Mannheim war stark besetzt. Die Position der Preußen giebt der obige Brief eines Preußischen Officiers an.

Der Anfang der Operationen hieng von den Resultaten der vielen Unterhandlungen ab, die sowohl wegen der Verpflegung der Preußischen Truppen, als auch wegen der Errichtung einer eignen besondern Reichs-Armee unter dem Oberbefehle des Herzogs von Sachsen-Teschen, gepflogen wurden, und die sich so in die Länge zogen, daß man noch keine feste Bestimmungen der Unternehmungen mit der Armee am Rheine anordnen konnte, indem schon die zur Eröfnung des Feldzugs bequeme Jahrszeit eintrat.

April 1794

Aufklärungen und Entdeckungen eines Französischen Republikaners. Beschluß

Stück 4, # 03, Seite 343 ff

{S. voriges Stück, S. 251-258.}

„Seit langer Zeit hörte ich von Complotten, von geheimen Agenten reden. Da ich aber nie in die Geheimnisse verborgner Complots eingedrungen bin, so war ich, wie der größte Haufe, betrogen. Die Revolution schien mir die Wirkung des frey erklärten Nationalwillens, und auf unser Vaterland eingeschränkt zu seyn. Erstaunt über das große Project, das man mir entdeckte, und über die List, mit welcher es bis hieher geleitet wurde, rief ich aus: Wie kann man sich bey so vielen offenbaren Hindernißen die Erreichung seines Zwecks versprechen! Soll durch die Massacre so vieler Bürger Alles Geschlechtes, Alters und aller Classen, Liebe zur Republik eingeflößt werden, wenn sie verabscheuet wird? Halt stille, versetzte der Redner, und höre! Diese gewaltsamen Bewegungen, welche Schrecken verbreiten, die Aufruhre, die Verhaftungen, das Dahinsterben, dieser Vernichtung so vieler tausend Menschen, die auf dem Schaffot, oder durch die Waffen umkommen, oder die sich unter einander erwürgen, scheinen in deinen Augen traurige Aussichten für den Erfolg unser Plans zu seyn: erkenne aber die großen Männer an ihren Werken! Man mußte das Volk matt machen, und ihm Sehnsucht nach neuen Einrichtungen beybringen. Diese Bewegungen müssen der Vorläufer unsers Sieges werden.

Es ist Zeit, daß unsere Emissarien überall die unumgängliche Nothwendigkeit eines Chefs, der Macht genug besitzt, die einander sich durchkreuzende Macht auf einen Mittelpunct hinzuleiten, fühlbar machen. Sie müssen ein Oberhaupt des vollziehenden Raths verlangen, das nicht abgesetzt werden, kann, das von der Versammlung unabhängig und bevollmächtigt ist, die Decrete derselben zu sanctioniren, um alles, was etwa aus Leidenschaft oder Irrthum in die Feder gefloßen ist, unterdrücken zu können. Danton, Camille Desmoulins, Barrere haben um diese Stelle gegeizet.

Die Nothwendigkeit, sich einander zu verstehen, hat sie zu einem Bündniß gebracht, <344> sie werden nun die Macht unter Robespierre, der allein diesen Posten bekleiden kann, theilen. Anfangs wird er sich mäßig verhalten. Dies Volk, welches alles vergißt, wird nicht mehr daran denken, daß er der vorzüglichste Beförderer der entgegen gesetzten Meynungen war. Dieses System, welches alle andern vernichtet, wird ihm durch den Einfluß unserer Emißarien alle Stimmen verschaffen; und in diesem Augenblicke muß man ihn proclamiren. Noch mehr Nachdruck würde es haben, wenn die Armee dieser Meynung wäre, und die ersten Bewegungen durch sie veranlaßt wurden. Er rechnet auf dich, weil er glaubt, du seyest ihm ergehen.

Die Absicht des Redners war also, mich zu vermögen, daß ich der Armee auf eine feine Art das Verlangen einflößen soll, Robespierre zum Oberhaupte der Republik zu haben, das ist: die Rolle des König, den er hinrichten ließ, zu ersetzen. Der Agent zeigte mir auch die Mittel zu einem glücklichen Erfolge und zur Geheimhaltung unserer Correspondenz an.

Ich hielt, sagte er, nach dem zu dir gefaßten Vertrauen, eine weitläufige Entwicklung unsrer Geheimniße nöthig; ich mußte dies thun, um deine Bemerkungen zu befriedigen, vorzüglich um dich mit den Absichten, in welche du einstimmen sollst, bekannt zu machen, und dich über das Genie und die Hülfsquellen dessen, der mit dir in Bund treten soll, und über die Hofnung urtheilen zu lassen, welche du auf den Erfolg setzen kanst, zu dessen Erleichterung unser Freund alle bisherigen Hinderniße, die bey dem Anfang großer Unternehmungen immer äußerst schwer sind, aus dem Wege geräumt hat.

Ach! sagte ich mit sinkender Stimme, wie das Wild durch die auf ihn losgelassene Hunde geängstigt wird, eben so wird unser Vaterland durch die Revolution das Opfer der Urheber derselben werden. Die Soldaten bey der Armee und die Agenten dieser Heuchler werden die Bullenbeißer seyn, die das Thier nur deswegen erwürgt haben, um es dem gefräßigen Hunger der Jäger Preis zu geben. Die Volksparthey, welche in den Gefahren, in welche es sein Blindheit, sein Neugierde, oder die durch diese fatale Gährung bewirkten Umstände gestürzt haben, noch übrig bleiben wird, wird Hunger, <345> Elend und alle Unfälle, als die traurigen Früchte ihrer unterlassenen Arbeiten und der Zerstörung ihrer Hilfsquellen, einerndten.

Entfernt, mich zu der Höhe zu erheben, zu welcher mich dieser entsetzliche Redner hat bringen wollen, hat sein Discurs vielmehr das

Gegentheil der von ihm erwarteten Wirkung hervorgebracht. Ich war ganz umgekehrt, und über die Erzehlung so vieler Grausamkeiten in eine Art von Gefühllosigkeit versenkt. Unwillig über das Spielwerk dieser Ruchlosen, das sie mit mir und meines gleichen trieben, überließ ich mich leidigem Nachdenken, bis ich plötzlich durch den Ausruf des Emissärs aus demselben erweckt wurde, indem er zu mit sagte: Und du schweigst? Solltest du wohl feig und niederträchtig genug seyn, meine Erzählung zu misbilligen? oder willst du der Erhebung unsers Freundes zuwider seyn? Auf alle Fälle wird dein Leben für das Geheimniß haften, dessen Wir dich würdig gehalten haben. Denk auf keinen Verrath! wir sind allein; ich kann dich Lügen strafen, und als einen Verdächtigen arretiren lassen: hiezu habe ich ausdrückliche Ordre. Diese Drohung weckte mich aus meiner Schlafsucht. Ja, sagte ich, ich will Robespierre zu Diensten seyn; ich zweifelte ja gar nicht, ich sann nur der großen Rolle nach, die ich zu übernehmen habe: ich nehme diese Rolle an, will mir Mühe geben, sie vollkommen zu spielen, und wenn es Zeit ist, an den Freund schreiben.

Dir, sagte hierauf der Emissär, dir wird einer der wichtigsten Posten bey der Armee und in dem vollziehenden Rath der nur aus unsern Freunden zusammengesetzt wird, zu Theil werden. Die Bewegung, welche diese Proklamation veranlassen wird, wird dem großen Werke neues Leben geben. Der immer unbeständige Franzos wird aus der Trägheit, in die er versunken ist, sich erheben; wir werden ihn wieder beleben; die Armee wird in Hofnung glücklicher Zeiten sich vermehren; sie wird Kräfte sammeln, die unsern Entwürfen die Krone aufsetzen werden. Dann, wann die Macht auf einen Mittelpunkt hingeleitet worden ist, dann wird sie weit thätiger, weit vermögender seyn, unter Robespierre leidenden Gehorsam anzubefehlen.

Losgerissen von diesem Ungeheuer überließ ich mich dem traurigsten Nachdenken. Eine Decke schien von meinen <346> zu fallen, und den Gang meiner Ideen aufzudecken, welcher bisher durch meinen Irrthum und durch meine leidenschaftliche Hitze versperrt war. Eine Menge Thatsachen, die ich bisher nicht zusammen reimen konnte, ward mit nun erklärbar. Ich sah ein, warum man Dumourier und so viele andere Generäle nach ihm, vorzüglich diejenigen, die wir

immer für die eifrigsten Republikaner hielten, zu der Zeit aufgeopfert
hatte, da sie durch Talente und Erfahrung nützliche Dienste hätten
leisten können. So hat man also, rief ich aus, aus Besorgnis, daß wir die
Talente, die unsern Muth anzueifern im Stande waren, zu hoch schätzen möchten, diese Männer auf die Schlachtbank geführt! Diese Besorgnis hat uns immer neue Ankömmlinge zum Commandostab gegeben, die mit uns blindlings den Gefahren entgegen giengen, die wir um
so weniger überwinden konnten, als wir mit einsichtsvollen Feinden
zu kämpfen haben, welche die lebhafteste Liebe zu Gott und zu ihrer
Regierung belebt, und von Befehlshabern angeführt werden, welche
die größte Erfahrung besitzen, und ganz geeigenschaftet sind, sich
Vertrauen zu erwerben. Was, sagte ich zu mir, so grausamen Intrigu-
anten sind alle die Uebel meines Vaterlandes, um dessen Zerstücke-
lung sie sich zanken, zuzuschreiben? Jene Menge rechtschaffener Männer, die wir in Holland, und bey unserm Rückzuge verloren, und die
nachher an unsern Gränzen umgekommen, sind wie Schlachtopfer des
Verrathes, über den wir schreyen. Diese Verrätherey kam von denen
her, welche unser ganzes Vertrauen besaßen, eben von denen, welche
über die vorgeblichen Verräther das Urtheil sprachen, um uns hinter
das Licht zu führen. Sie sprachen immer von Freyheit und Glückselig-
keit wenn sie alle Arten von Uebelthaten und Ungemach über unser
unglückliches Vaterland verbreiteten. Ja, als sie alle Hülfsquellen desselben durch die Assignate zerstörten, so geschah es nur, uns in traurige Unabhängigkeit[!] von ihnen zu stürzen, und eben so romantischen als grausamen Chimären nachzulaufen, die alle Völker zum
Seufzen bringen, und unser Vaterland entvölkern mußten, um über
dasselbe Herren werden.

Wenn diese Ungeheuer siegen sollten, würden wohl solche
häßliche Usurpatoren, die nichts als Lasterthaten kennen, Völker
glücklich machen können? Würde nicht der Abscheu <347> vor denselben die Verwüstungen und die Uebel ins Unendliche vervielfältigen? Aber was wird aus mir werden, wenn ich gegen diese Schurken
meine Stimme erhebe? Gebe ich sie an, so werden ihre Emissarien und
ihre Intriguen meine Stimme ersticken; ich werde umkommen. Er-
greife ich die Flucht, so werde ich brodlos. Werde ich es wagen dürfen,

zu jenen Völkern die wir geplündert haben, überzugehen? Ja! ich werde es wagen dürfen; sie werden Mitleiden mit mir haben, werden meine Verblendung bejammern. Die Hofnung bestimmte mich zur Flucht.

Ich habe mich nicht geirrt?, da ich um voraus auf die Menschlichkeit und Begnadigung so edelmütiger Feinde rechnete.

O ihr, die ihr noch unter den Fahnen dieser greulichen Menschen bleibet, wenn ihr ja an meinen Aussagen noch zweifeltet, so würde ich euch sagen, was ich davon hätte, wenn ich euch betröge! welchen Nutzen ich hätte, daß ich einen Platz verließ, auf welchem meiner eine Beförderung wartete, wenn ich einer gerechten Sache gedient, und glücklichen Erfolg davon zu erwarten hätte. Wenn der Beweggrund, der das Vertrauen desjenigen bestärkte, der mich unter die geheimen Agenten dieser Ruchlosen aufnehmen wollte, nicht hinreicht, euch die Wahrheit davon aufzudecken; so würde ich zu euch sagen: Seht und überdenkt alle die Ereigniße, die seit der Revolution auf einander gefolgt sind: Nicht eine ist, welche nicht als Beweis davon auftreten sollte. Ich würde euch fragen, ob das Morden der Männer, Frauen und Kinder aus allen Ständen geschehen sey, um ihre Projekte, die bis hieher sich in lauter Schandthaten geoffenbaret haben, schätzbar zu machen? Ich würde euch fragen, wenn man die Einwohner der Städte, und Ländereyen ausraubt und mit Feuer verheeret, werden die Franzosen keine Repressalien zu erwarten haben?

Ich würde frage, ob die Balgereyen des Vincent, Hebert, Ronsin, und aller dieser Partheyen, ob die Raserey, mit der sie sich aus Herrschsucht einander zerfleischen euch nicht Beweis genug sind? Ja, nur durch Lasterthaten wissen sie sich auszuzeichnen; dieß ist ihr Element, dieß ihre Freyheit. <348>

Habt Ihr noch einige Anhänglichkeit an dieses Vaterland, das man um eurer Wohlfahrt willen zerfleischt, habt ihr euch selbst lieb, so werft die Waffen weg, die man zu eurer Vernichtung euch in die Hände gegeben hat. Verlaßt diese Fahnen, die mit allen Schandthaten, die sie schützten, besudelt sind; kommt hieher, um die Lust der heilsamsten Freiheit einzuathmen; laßt uns vereinigen, unser Vaterland zu retten, um Friede und Wohlfahrt wieder dahin zu bringen.“

Frankreichs neue Revolutions-Scenen; und wilder Zustand

Stück 4 , # 11, Seite 392 ff

Je mehr anjetzt ausschweifende Köpfe dem, auch nur blos im politischen Betrachte, unsinnigen, und staatsverderblichen Atheismus, der alle Menschen unglücklich macht, auszubreiten streben, desto herrlicher strahlen hie Blitze der göttlichen Vorsehung jeden vernünftige Menschen in die Augen. Da, wo der Atheismus den Einwohnern von denen selbst, die den Staat regieren wollten, und ihn tyrannisirten, zum Grundsatze gemacht wurde, da brechen diese Weisen einander selbst die Hälse, da bringt ein Atheist den andern, ein Bösewicht den andern um, Hebert und Cloots, Danton und Camille Desmoulins, und die vornehmsten derjenigen, welche unter ihren vielen Wahnwitzigkeiten die Gottesleugnung vorzüglich ausriefen, sind die Opfer ihrer Lehre geworden. Nur in einem solchen atheistischen Staate wie jetzt Frankreich ist, können solche Blut-Scenen, solche Gewaltthätigkeiten statt haben.

Wir haben hier in der Fortsetzung unsrer Französischen Geschichte die neuen Revolutions-Scenen zu erzehlen, die wir schon im vorigen Monate, S. 333, angekündigt haben. Wir wollen die Begebenheiten in ihrer Zeitfolge und im politischen Zusammenhange erzehlen. Die Cordelier Clubbisten, welche den berüchtigten Hebert, Schreiber des Blatts ›*Pere Duchêsne*‹, zu ihren <393> Herold hatten, strebten nach der Oberherrschaft über die Jacobiner, oder vielmehr über den Wohlfarts-Ausschuß, die Parthey des Robespierre. Sie standen in Verbindung mit dem Pariser Gemeinde-Rathe, mit vielen Bürger Sectionen, und mit dem Kriegs-Minister Bouchotte, welcher großen Einfluß auf die Armee hatte. Die Parthey war so mächtig geworden, daß der listige und kluge Robespierre selbst eine Zeitlang schwankte, und sich bey den ausgebrochnen Streitigkeiten stellte, als wenn er unschlüßig sey, ob er nicht zu der Parthey Heberts übergehen solle. Schon nahm er sich Barreres nicht mehr an, als dieser im Jacobiner-Klubbe mit Vorwürfen wegen seiner Herrschsucht angegriffen wurde. Bey dem fernem

Fortgange der Heftigkeiten der beyden Partheyen, trat Robespierre ganz zurück, stellte sich krank, und ließ sich lange Zeit nicht sehen. Während dieser Zeit schmiedete er seine Waffen wider seine Gegenparthey, und zur Erringung der obersten Gewalt im Staate. Nach unsern Privat-Nachrichten hat es dem Wohlfarts-Ausschuße über eine Million gekostet, um alle Maschinen in den Gang zu bringen, und um genug geheime Freunde, Anhänger, Schreyer im Volke, und listige Aufhetzer zu gewinnen, welche die ohnehin immer unkluge Parthey von Hebert, und von Danton und Camille Desmoulins, in die Schlingen zogen. Nachdem alles bereit war, mußten diese geheime Agenten im Cordelier-Clubbs selbst zuerst Lärm machen, und so durch ihre Reden Gelegenheit geben, daß man diejenigen, die man stürzen wollte, durch ihre unbesonnene Schritte als Conspiranten gegen den Convent angeben konnte. Robespierre stellte sich selbst als genauer Freund von Camille Desmoulins, und einigen andern, die er stürzen, wollte, und hintergieng dergestalt sie, und das ganze Publicum. Man will nun behaupten, daß Robespierre selbst seinen Namen als reif zur Guillotine ausrufen ließ, um zu sehen, wie das Volk sich dabey benehmen würde, daß er selbst durch seine geheimen Diener die Zettel gegen den Convent <394> anschlagen, und auf den Strassen rufen ließ, man müsse einen Regenten, ein Oberhaupt haben, alles um dem Pariser Volke auf den Puls zu fühlen. Gieng es übel, so konnte er mit großen Schätzen immer entfliehen. Wenigstens ist notorisch, daß in den Anklagen gegen Hebert, und nachher gegen Danton, und deren Anhänger von allen diesen Dingen ihnen nichts zur Last gelegt wurde.

Zum Beweise der eben angegebnen Machinationen des Robespierre, und zum Erstaunen von Jedermann, bey der Procedur, sahe man, daß Boulanger welcher die Cordelier am meisten aufgehetzt hatte, eben der, welcher Heberten am meisten zugerufen hatte: „Rede Vater Duchesne; wir sind alle auf deiner Seite, wir werden alle mit dir losschlagen." nicht einmal in Arrest genommen worden ist, und als einige unschuldige Mitglieder im Jacobiner-Klubbe sich darüber beschwerten, so nahm Robespierre die Parthey des Boulanger, und vertheidigte ihn, als einen der nur geirrt habe. Eben so blieb Carrier unangetastet, welcher doch zuerst im Cordelier-Klubbe von einem

Aufstande gegen den Convent geredet hatte, welcher die erste Motion machte, daß die Menschen-Rechte mit einem Trauer Flor bedeckt wurden. Eben so sind Pache, von dem sogar in der Anklage vorgebracht wurde, daß er der Chef des Complotts gewesen sey, und unter dem Namen eines Ober-Richters habe Regent von Frankreich werden wollen, eben so Chaumette, der eifrigste in der Parthey des Gemeinde-Raths, eben so der Kriegs-Minister Bouchotte und mehrere nicht mit in die Reihe der Verurtheilten, und gar nicht mit ihnen zum Verhöre gekommen. Bey der tief versteckten List des Robespierre kan man nicht sagen, ob er diese Menschen nur noch eine Weile laufen lassen wollte, ehe er sie aufopferte, oder ob er wirklich sie schützen wollte.

Sein Hauptzweck war, diejenigen vorerst zu stürzen, die ihm am meisten gefährlich zu seyn schienen. Und diesen Zweck erreichte er vollkommen. So bald in der Nacht vom 12 März Hebert und einige andre Hauptpersonen, <395> wie im vorigen Monate, S. 333, schon angezeigt worden, plötzlich arretirt waren, gieng ihr Proceß sehr schleunig fort. Man haranguirte erst einige Tage im Convente, um eine Verschwörung vorstellig zu machen, und ließ noch mehrere Anhänger der Verhafteten einziehn und alles in Furcht setzen, und sodann schickte sie der Convent, wie Robespierre vorschlug, an das Revolutions-Tribunal, wo sie am 21sten März um ersten male erschienen, und am 24sten zum Tode verurtheilt wurden Es waren in allen 18 Personen.

Der vornehmste war der berüchtigte **Hebert**, der so lange Zeit her der schamloseste Injuriant aller Rechtschaffenheit, Tugend, Religion, und der gesellschaftlichen Ordnung gewesen war. Er betrug sich beym Verhöre und bis ans Ende so niederträchtig feig, wie er als Revolutions-Kleffer frech gewesen war. Er weinte oft, und zeigte nichts als eine verwirrte Verzagtheit.

2} **Ronsin**, Commandant der Revolutions-Armee, welcher zu Lyon die Abscheulichkeit, die Menschen mit Kanonen in Haufen todtschießen zu lassen, zuerst ausgeübt hatte.

3} **Vincent**, ein gleicher Revolutions-Wütrich.

4} Der wahnwitzige Anacharsis **Cloots**, welcher zuerst mit der Farce der Deputation des ganzen Weltkreises 1790, in der ersten

National-Versamlung debutirte[13], und seitdem es an Unsinnigkeiten gegen alle Klaßen des menschlichen Geschlechts, und gegen die Gottheit selbst jedem andern zuvor zu thun strebte. Die übrigen waren weniger bekannte Anhänger Heberts, und der Gegenparthey von Robespierre.

So strafbar sie alle in vielem Betrachte seyn mochten, so wenig waren sie es in demjenigen, aus welchem sie verurtheilt wurden. Sie wollten alle eine romantisch-wilde Republik, gegen Robespierres Allgewalt, und sie wurden durch eine romantische Anklage und Procedur zum Tode verdamt. Es wäre unsrer Geschichte unwürdig, den ganzen Roman der Anklagen gegen sie hier anzuführen. Wir bemerken nur folgendes. Im <396> Convente zeigte St. Just an, daß die Verhafteten ein Complot mit auswärtigen Mächten angezettelt hätten, um die monarchische Regierung wieder herzustellen. In dem Verhöre war aber davon die Rede nicht mehr. Im Convente verlaß Couthon zwey angeblich aufgefangne Briefe, die die Spuren der gröbsten Erdichtung hatten. In diesen Briefen hieß es:

> Es sind hier, in Paris, zwey Partheyen. Der Wohlfarts-Ausschuß will seine Autorität behaupten. Er hat das allgemeine Zutrauen. Auf der andern Seite stehen Hebert und Vincent. Diese beyden Partheyen werden bald aneinander kommen. Man arbeitet daran, Robespierre um die Liebe des Volks zu bringen. Die Parthey Heberts will die Meynung des Volks gern auf ihre Seite bringen. Danton hat sich noch nicht erklärt. Unter allen Menschen ist doch Robespierre derjenige, dessen Reputation am schwersten zu stürzen seyn würde, u.s.w.

Von diesen Briefen war auch bey dem Verhöre die Rede nicht mehr.

Indessen hatte doch Hebert so vielen Anhang, daß der Parthey Robespierres bange werden mußte. Als Couthon am 15ten März im Convente sagte: „Die Verschwörung ist völlig entdeckt. Die Infamen mögen sich masquiren wie sie wollen. Wir werden alle eher umkommen" – so ertönte bey diesen Worten Umkommen, ein schreckliches

---

[13] »S. ›Politisches Journal‹ 1790, 7tes Stück, Julius, S. 718 u. ff.«

Applaudiren von den Tribunen. Couthon, bestürzt fuhr fort: „Ja, alle werden wir eher umkommen, als daß wir zugeben, daß das Volk, welches die Freyheit schätzt, welches die Tugend liebt, durch eine Tyranney regiert werden solle." Da wurde dann wieder stark applaudirt. Als Barrere auftrat, und sagte: Es war nicht die Liebe zur Freyheit, die einen Aufstand verlangte. {*Ce n'étoit par l'amour de la liberté, qui demandoit une insurrection*} so klatschten alle Zuhörer bey dem Worte Aufstand. Mehrere Zeichen der Unzufriedenheit des Volks, und selbst Drohungen, welche die Convents-Mitglieder von Robespierres Parthey, von unbekannten Personen auf den Straßen, und <397> in Briefen erhielten, trieben diese Parthey noch mehr an, mit der Vertilgung der Häupter der Gegenparthey zu eilen.

Indem täglich im Convente von nichts als der am geblichen Verschwörung geredet, und das Volk gebeten und beschworen wurde, seine Freyheit zu retten, waren binnen drey Tagen alle gerichtliche Proceduren beym Revolutions-Gerichte über 18 Personen geendigt. Das Volk lief in Menge nach dem Justiz-Pallaste. Aber die Richter saßen in einem Verschlage, und man konnte nur wenig von den Fragen und Antworten hören. Die Anklage-Acte von Fouquier war ein langer, übel zusammenhängender Roman, in welchem gesagt wurde, die Angeklagten hätten die Souveränität des Volks, und die Französische Freyheit umstürzen wollen. In dieser Anklage kam häufig vor: Es scheint, daß die Verschwornen dieß oder jenes haben thun wollen. Es scheint, daß sie Paris haben aushungern wollen, u.s.w.

Es kamen natürlicher weise Zeugen vor, welche aber sich theils selbst widersprachen, theils aber, und fast alle sich auf Reden beriefen, die sie von andern gehört hatten, von Verschwörungs-Planen, von schlechten Urtheilen über den Convent, und daß er die Regierung nicht behaupten könne, noch würde. Kellermann sagte aus, Laumur {einer der Angeklagten} habe ihm gesagt, man wolle wieder einen Tyran haben, unter dem Namen eines Ober-Richters, und dieses sollte der Maire von Paris, Pache, seyn. Aber bis jetzt, so weit die Nachrichten aus Frankreich anjetzt gehen, war Pache noch immer Maire von Paris, und weder arretirt, noch einmal in Anspruch genommen worden. Im Convente hatte man gesagt, Herault de Sechelles {welcher wirklich auch arretirt, aber damals noch nicht vor dem Gerichte war} sey zum Regenten bestimmt gewesen. So schlecht, und widersprechend waren die Beschuldigungen, die vorgebracht wurden, ersonnen, wovon man noch viele seltsame Proben geben könnte.[14] Die <398> Die Angeklagten leugneten alle diese Beschuldigungen, als leer erdichtete Angaben ihrer Feinde. Sie wurden auch nicht überwiesen, obgleich ihr Urtheil, welches sie am 24sten März schon erhielten, so lautete, daß sie überführt wären, ein Complott gegen die Freyheit des Volks angezettelt zu haben. Wenige Stunden nach dem von dem Revolutions-Tribunale gefällten Todes-Urtheile, um 5 Uhr Abends, wurden auch Hebert, Cloots, Vincent, Ronsin, und ihre Freunde, in allen 18 Personen, in 18 Minuten durch die Guillotine hingerichtet.

Das Volk hatte sich in zahlreichen Haufen versammelt, beobachtete aber eine ungewöhnliche finstre Stille, welcher man die Furcht zuschrieb, die die herrschende Parthey durchaus verbreitet hatte. Blos gegen Hebert, dessen blutdürstige Seele längst der Abscheu aller Menschen, die diesen Namen verdienen, war, bezeigte man Unwillen, nannte ihn ein Ungeheuer, wandte die in seinen Blättern gebrauchten mördrischen Ausdrücke, auf ihn an, und als sein Kopf fiel, und dem Volke gezeigt wurde – er wurde von allen 18 zuletzt hingerichtet – schrie das Volk, es lebe die Republik, und eine Menge rothe Mützen wurden in die Höhe geschwungen. Er, der in seinen Schriften alles angrif und der größte Herold der Guillotine war, und gern tausende unter ihr Meßer gebracht hätte, machte jetzt, bey der Hinführung zum Gerichte, die kläglichste, niedergeschlagendste Figur. Ehe er ans Bret gebunden ward, betrachtete er, vielleicht unwillkührlicher weise, durch den Anblick erschüttert, die Maschine, die seinem bösem Leben ein Ende machte. Der wahnsinnige Cloots starb so wie er gelebt hatte. Er appellirte noch an das menschliche Geschlecht; er hatte vergeßen, daß er für den Tod Ludwigs des XVI. auch im Namen des menschlichen Geschlechts gestimmt hatte.

---

[14] »So wurde z. B. Vincent vor dem Revolutions-Tribunale gefragt, ob nicht Chaumette auch mit zur Verschwörung gehörte? Vincent antwortete: Ich erwarte, daß man ihn auf unsre Liste mit setzen wird.«

Noch währendem Blutgerichte der 18 Verdamten, ließ der Pariser Gemeinde-Rath eine Proclamation <399> ergehen, in welcher alle Bürger aufgefordert wurden, alle falsche Patrioten, und alle verdächtige Personen anzugeben, unter welcher Gestalt sie sich auch verbergen möchten. Es wurden auch in wenigen Tagen über 70 Personen von neuen arretirt, die man alle als Mitschuldige von Hebert und seiner Parthey ausgab.

Bey solchen Umständen kam der Cordelier-Klub so sehr in Furcht, daß er erklärte, er sey von der Hebertschen Faction irre geführt worden, sich den Jacobinern gänzlich unterwarf, und eine sogenannte Reinigung vornahm, nämlich alle Mitglieder aus dem Klubbe stieß, welche der herrschenden Parthey des Robespierre nicht gefielen. Es fehlte nun auch nicht an Glückwünschungen der Furcht und der Vorsicht, von vielen Gegenden, und Gemeinden, die der Convent wegen der Rettung der Republik erhielt. Am schwersten kam ein solcher Glückwunsch dem Pariser Gemeinde Rathe an, dessen Parthey eben die gestürzte war. Er zögerte einige Tage. Bourdon de l'Oise zeigte sogleich im Convente an, wie sehr man sich wundere, daß der Gemeinde Rath nicht seinen schuldigen Glückwunsch abstatte. Der Gemeinde-Rath mußte, mit dem Maire Pache an der Spitze, vor dem Gitter des Convents erscheinen, und Glück wünschen, und sich bedanken, und bekam darauf von dem Präsidenten des Convents, Rühl, noch einen Verweis, daß er so spät erschienen sey.

Ein Theil der Pariser Revolutions-Armee erschien auch, gratulirte, und schwor dem Convente treu zu seyn. Weil es aber nur ein Theil dieser Armee war, und Robespierre sich für diese Mord-Helden, davon der größte Theil Heberten, und dem Gemeinde Rathe anhieng, fürchtete, so ließ er am 27 März durch ein Decret die gesamte Revolutions-Armee caßiren. Sie sollte sogleich auseinander gehen, jeder wieder dahin gehn, wo er hergekommen, und den Sold bis zum 20sten April ausgezahlt bekommen.

Bald drauf, am 1sten April, wurde auch das ganze Ministerium, das sogenannte *Conseil executif*, unter <400> denen sich der Freund Heberts, Bouchotte, Kriegs-Minister, befand, aufgehoben, und die Geschäfte desselben wurden unter 12 neue Commißionen vertheilt.

Bey alle dem war es in Paris nicht so ruhig, wie man in den öffentlichen Blättern las. Wir haben zuverläßige Briefe, in welchen der Zustand von Paris als sehr stürmisch in jenen Tagen geschildert ward. Es erhoben sich viele Stimmen laut gegen die Tyranney des Convents. Man bemerkte deutlich, daß der nördliche Theil von Paris, wo der Convent und der Wohlfarts-Ausschuß sitzt, es mit Robespierre hielt, der südliche aber ganz anders gestimmt war. Es wurde sogar in Paris ein Blatt ausgestreut, auf welchem angezeigt wurde, daß die Stadt in einer schrecklich kritischen Lage sey, daß ein Theil der tobenden Convents-Mitglieder müsse aus dem Wege geschaft werden, daß eine neue Revolution ausbrechen müsse, und daß die Unruhen und Bewegungen in dieser unglücklichen Stadt einen starken Ausbruch nehmen würden.

Diese wirklich vorhandnen Unruhen machten Robespierren desto strenger. Er ließ durch den Commandanten der Pariser National-Garde, Henriot, täglich und nächtlich viele Menschen arretiren und von Zeit zu Zeit die Schauspielhäuser umringen, und ganze Schaaren ins Gefängniß führen. Am 6ten April war die Zahl der Gefangnen, nach der öffentlichen Liste, schon 7,007, und die wahre Anzahl war weit größer.

Es wurden auch unaufhörlich täglich viele Menschen hingerichtet. Am 19ten März 19 auf einmal, am 20 6, am 21sten 8, und so fort. —

Robespierre aber wollte, zu seiner Sicherheit, alles, was ihm im Wege stand, wegschaffen. Die vornehmste Person davon war Danton, sein Nebenbuhler seit langer Zeit, welchen er stets gehaßt, aber geschont, und geschmeichelt hatte. Um ihn zu stürzen suchte er ihn in das vorgebliche Complot von Hebert zu verwickeln. Die Worte in den oben angeführten Briefe: Danton hat sich noch nicht erklärt: sollten seinen Fall bereiten. Danton bemerkte dieß recht wohl. Er setzte daher seine <401> zahlreichen Anhänger in Bereitschaft, und legte alles so an, daß er am 31sten März im Convente offenbar gegen Robespierre auftreten, und ihn zu stürzen suchen wollte. Aber der listige Robespierre, der auch um Danton herum seine Spionen hatte, wurde benachrichtigt, und kam zuvor. Es ließ im Namen des Wohlfarts-Ausschußes in der

Nacht vom 30 März Danton, nebst seinen Freunden la Croix, Philippeaux, und Camille Desmoulins und mehrere seiner getreusten Anhänger gefangen nehmen.

Am folgenden Tage beschwerte sich Legendre im Convente in starken Ausdrücken über die in der verwichnen Nacht geschehnen willkürlichen Arretirungen von Convents-Mitgliedern, besonders wegen Danton, für dessen republikanischen Eifer, und Patriotismus er sich verbürgen wollte, und verlangte, daß Danton, und die andern gefangnen Convents-Mitglieder vor die Schranken gefordert würden, um sie anzuhören, ehe sie verurtheilt würden. Viele Mitglieder unterstützten Legendres Vortrag: es entstand ein Murren, ein Geräusch, eine Bewegung im Convente. Man sprach von Tyranney, von Diktatur, von Unterdrückung. Man schrie zur Stimmensamlung. Aber da trat Robespierre auf, und verlangte, daß man mit Danton keine Neuerung machen müsse, da andere Convents-Mitglieder in ähnlichen Fällen nicht vorgelassen worden waren. Und der kühne und glückliche

Robespierre drang durch. Keiner wagte es, ihm zu widersprechen. Danton und seine Freunde blieben ihrem Schicksale überlassen.

Nun trat St. Just auf, und deklamirte, und klagte die Arretirten an, daß sie zu der Parthey und dem Complotte des hingerichteten Hebert gehörten, daß sie die intrigantesten, die gefährlichsten Feinde der Freyheit, und des Vaterlandes wären, und verlangte ein Anklage-Decret gegen sie. Niemand getraute sich zu widersprechen. Der Convent gab das Anklage-Decret, und Danton und die Arretirten wurden dem Blutgerichte dos Revolutions-Tribunals übergeben. <402> Sie wurden nebst noch andern, an der Zahl 15, vom 2ten April bis zum 5ten, täglich von dem Gerichte verhört, oder vielmehr Zeugen gegen sie abgehört.

Aber bey diesem Proceße gieng es sehr unruhig zu. Danton und Camille Desmoulins waren sehr kühne. Sie sagten, wir sind nur der Form wegen hier, ihr wollt uns die Köpfe abschlagen lassen, alle Beschuldigungen sind unwahre Vorspieglungen. Die Menge der Zuhörer nahm Antheil an der Procedur, machte öftere unruhige Bewegungen, und störte den Fortgang so sehr, daß das Gericht am 4ten April den Convent benachrichtigen mußte, es könne wegen der Frechheit der Angeklagten, den Proceß nicht fortsetzen. Danton, La Croix, und Camille Desmoulins hatten ausdrücklich erklärt, daß sie auf nichts antworten würden, als wenn Robespierre, Barrere, und St. Just gegenwärtig wären. Diese sollten denn Antworten und Fragen bekommen, worüber man erstarren würde. Allein St. Just sagte im Convente, die Frechheit der Angeklagten ist der größte Beweis ihrer Verbrechen, und der Convent mußte decretiren, daß die Richter sich aller Zwangsmittel gegen die Angeklagten bedienen, und den Proceß beschleunigen sollten. Sie beschleunigten alles auch so sehr, daß schon am folgende Tage, am 5ten April, das Todes-Urtheil über alle ausgesprochen wurde, und wenige Stunden darauf wurden allen durch die Guillotine die Köpfe abgeschlagen.

An ein motivirtes Urtheil hatten die Richter nicht denken können. Die Angeklagten sagten, es wäre ein Ruhm für sie gewesen wenn sie gegen eine solche Conspiration wie die herrschende Parthey des Robespierre sey, conspirirt hätten und das Volk in zahlreicher Menge, welches zuhörte, klatschte den Angeklagten den täuschendsten Beyfall zu. Die Angeklagten lachten mit bittern Hohn ihren Blutrichtern ins Gesicht, und protestirten feyerlich gegen alle mit ihnen vorgenommenen Gewaltthätigkeiten an die Gerechtigkeit des Volks. Worauf wieder der lebhafteste stärkste Beyfall durch fast allgemeines Händeklatschen erfolgte. Danton sagte, unter <403> andern – denn auf gerichtliche Antworten ließ er sich gar nicht ein.

> Ehe drey Monate vergehen, werden die Mitglieder des Wohl-
> farts-Ausschußes, und die Personen der herrschenden Parthey

in zerstückelten Fleisch-Klumpen durch die Straßen geschlept werden.[15]

Am 5ten April wollten Danton und Camille Desmoulins Reden an die Zuhörer bey dem Revolutions-Tribunal halten, sie wurden aber mit Gewalt weggeführt, und als sie wieder hingeführt wurden, kündigte man ihnen sogleich ihr Todes-Urtheil an, ließ sie auch nicht weiter zu Worte kommen, noch weniger fragte man sie, wie sonst bey allen Verurteilten gewöhnlich war, ob sie noch etwas zu sagen hätten. Und eine gute Stunde, nach dem Urtheile, Abends nach 6 Uhr, wurden sie auf dem Karren nach dem Gerichtsplatze geschleppt, und binnen einer Viertelstunde alle 15, umgebracht.

Der vornehmste von allen, welcher erst seine Freunde fallen sehen mußte, und zuletzt hingerichtet wurde, war der berüchtigte **Danton**. Unsere Leser kennen ihn. Wir haben vor einigen Monaten eine kurze Schilderung von ihm gegeben.[16] Er war einer der schändlichsten Brause-Köpfe, die es je gab, einer der frechsten unter allen Revolutionairs, ein erklärter Atheist, und Robespierre gefährlichster Feind. Schon im Jahre 1792 nannte man ihn *le terrible*, den schrecklichen. Bey Ludwigs Bluturtheil eilte er, nebst La Croix, der ebenfals nun mit ihm hingerichtet wurde, von Aachen nach Paris, um zu des Königs Tode zu stimmen. Vor dem Revolutions-Tribunale war er so kühn, daß er nach seinen Richtern mit Kügelchen von Brodt und Papier warf. Als er seine Wohnung, der Gewohnheit nach, zum Protokoll angeben sollte, sagte er, meine Wohnung wird bald im Nichts seyn, aber mein Nichts wird im Pantheon der Geschichte leben. Er behielt seine Kühnheit bis zum letzten Augenblicke, da er an das Bret gebunden wurde. <404> Die merkwürdigsten der andern 14 mit ihm zugleich geköpften Revolutions-Männer waren

1} Camille **Desmoulins**, der erste Mensch der Revolution in Frankreich. Er war es, welcher am 14ten Julius 1789 bey der Nachricht von Neckers Entlaßung, im Palais Royal, auf einen Stuhl sprang, und eine Empörungs-Predigt hielt, den ersten Haufen Volks um sich

---

[15] Am 28. Juli starb Robespierre unter der Guillotine.
[16] »S. neuntes Monatsstück, September 1793, S. 914 u. ff.«

versammelte, und so den Aufstand anfieng, bis Fayette sich an die Spitze der Empörten stellte. Seitdem ist er ein ausgezeichneter Schreyer, und einer der wütigsten im Cordelier-Klubbe gewesen.

2} La **Croix**, ebenfals einer der heftigsten Volks-Aufwiegler.

3} **Herault** de Sechelles, der sich in der ersten National-Versamlung stets durch die kühnsten Reden auezeichnete, und des Königs Tod befördern half.

4} **Bazire** und

5} **Chabot**, ein Excapuciner, dessen Leben von jeher ein Gewebe von Verbrechen gewesen war, und der in tobender Wuth stets mit Bazire wetteiferte.

6} Fabre d'**Eglantine**, der den neuen Französischen Kalender fabricirt hatte.

7} **Westermann**, ehmaliger Adjudant Dumouriers, dann General gegen die Royalisten in der Vendée.

8} und 9} die beyden Brüder von Chabots Frau, S. J. und E. **Frey**, aus Brünn in Mähren.

10} **Dietrichsen**, ein Advocat aus dem Holsteinschen, welcher seit 1792 in Paris das Revolutions-Wesen wollte betreiben helfen.

Die übrigen sind weniger merkwürdig, aber alle waren heftige Theilnehmer an den bisherigen Umständen des unglücklichen Frankreichs. – Nun wurden sie von ihres Gleichen von ihrer Revolutions-Höhe in den Staub gestürzt.

Das Volk, zahlreich versammelt, sah der Exekution mit einer Art von Erstaunen zu. Es wurde zwar das Geschrey, es lebe die Republik! gehört, wenn die Köpfe fielen, aber nur sparsam, und viele äußerten einen finstern Unwillen. Denn Dantons Parthey war immer sehr stark.

Dieß zeigte sich durch steigende Gährungen und vermehrte Bewegungen in Paris, während der Zeit, da Danton mit seinen Anhängern vor dem Blutgerichte war, <405> und nach seiner Hinrichtung. Der Commandant der National-Garden ließ täglich neue Ordres zur Wachsamkeit bekannt machen, in welchen er ankündigte, daß kühne Menschen auf den Straßen, und an andern Orten ihr Haupt erhüben, und sich Erfolg ihrer Complotte versprächen. „Der Gemäßigte, sagte er, hoft mit ironischen Lächeln Nuzen für sich daher, hoft Menschen gegen Menschen in Waffen zu bringen." Barrere kündigte dem Convente an, „daß niemals eine so große Anzahl Fremde in Paris gewesen wären, daß alle Bösewichter von Europa dort zusammen gekommen wären."

Das gewöhnliche Mittel dagegen, die Arretirungen, die immer zahlreicher wurden, machte nun den Tyrannen selbst Angst. Sie fiengen an sich für die große Zahl der Gefangnen zu fürchten. Man gab im Convente ein neues Complott an, welches in den Gefängnißen selbst geschmiedet worden wäre, wo man die Wächter bestochen hätte. Dem zufolge wurden nun der General Dillon, und der bekannte Simon, ehmaliger Hofmeister des jungen Königs im Tempel, imgleichen auch Dufourny, und die caßirten Minister Desforges, und Paré, dem Blutgerichte übergeben.

Diese Blut-Scenen hielten den Convent von allen andern Gegenständen ab. Die innern Angelegenheiten, die auswärtigen, die Kriegssachen schienen ganz in Vergeßenheit zu gerathen. Der Convent war nichts mehr als die Maschine von dem Oberherrscher Robespierre, und seines Conseils, des sogenannten Wohlfarts-Ausschußes.

Aber nur Paris und die nahe um gelegnen Gegenden krochen unter der Blutruthe der Tyrannen. In allen Provinzen keimte der Saamen der Empörung, und alles harrete nur auf den erwarteten Augenblick. In allen Provinzen und Städten kannte man keinen Gehorsam gegen den Convent, und wenn noch keine gewaltsame Ausbrüche erfolgten, so war die Ursache der Mangel an einem Gegenstande, denn allenthalben war Jedermann mit dem andern gegen den Convent einverstanden. <406>

Nur in den großen Städten, zu Lyon, wo 1,500 Häuser niedergerissen worden sind, zu Marseille, und besonders in Flandern, zu Ryßel, und Douai und zu Arras, wo 3,000 in Gefängnißen saßen, und an den Grenzen war die Guillotine im steten Gange, und eine Menge verdächtige wurden arretirt.

Das innere von Frankreich litt einen Mangel an allen Nothwendigkeiten, und ein Elend, welches über alle Beschreibung geht. Auf dem Wege von Paris nach Strasburg fand man, nach der Versichrung eines Reisenden, kein Brodt noch etwas zu eßen. Die Einwohner bekamen ihr zugetheiltes Brodt, in kleinen Portionen, von den Orts-Obrigkeiten, die das wenige was da war, in Beschlag genommen hatten. In den Dörfern, besonders an den Grenzen, waren in einigen alle Wohnungen leer, in andern eine oder zwey Mannspersonen, übrigens nur Weiber, und Kinder unter 12 Jahren.

Poitou, Limousin, und ein großer Theil von Bretagne waren in offenbarer Contre-Revolution. Die Royalisten waren, nach glaubwürdigen Berichten, über 80,000 Mann stark, und beherrschten die ganzen dasigen Länder. Der Convent hatte neue Truppen gegen sie geschickt, und Barrere kündigte am 7ten April einen abermaligen Sieg über die Royalisten bey Mortagne an. Wie unbedeutend er gewesen, wenn auch die Nachricht wahr wäre, erhellte schon daraus, daß er, der beständige Großsprecher, den Verlust der Royalisten nur zu 300 angab.

Wir wollen hier nur noch einige der merkwürdigsten Personen nennen, welche, außer den oben angezeigten in Paris, theils hingerichtet, theils ins Gefängniß gesetzt worden sind.

Hingerichtet wurden, der erste der Revolutions-Bischöfe, **Gouttes**, der berüchtigte Bischof von Autun;

[am 1. April] Eulogius **Schneider**[17], der einst als vorgeblicher Aufklärer so viel über Verfolgung in Teutschland schrie, und durch Recensenten schreyen ließ, und nachher zu Strasburg <407> sich als ein Ungeheuer von blutdürstigen, und Weiber-Schändenden Bösewicht auszeichnete, u.s.w.

Im Gefängniße waren, die Göttin der Vernunft, Madame **Momoro**, Wittwe des mit Hebert hingerichteten Momoro;

Chaumette, der heftigste von der Parthey des Gemeinte-Raths, und das beständige Organ dieser Parthey;

Gobet, Revolutions-Bischof von Paris;

la Harpe, ein bekannter Dichter, der einst dem Hofe, nachher den Demokraten schmeichelte;

---

[17] Siehe (Flörken, Eulogius Schneider. Predigten, Schriften, Dokumente. 1783-1794 2020).

Santerre, der berüchtigte wüthende Peiniger Ludwigs des XVI.;

Carl Constantin **Heße**, der bekannte Prinz von Heßen-Rheinfels, der seines edlen erhabnen Stammes in vielen Gelegenheiten sich so unwürdig zeigte, und einer der heftigsten unter den wilden Republikanern war.

Wir wollen die Betrachtungen über solche Revolutions-Scenen, wie wir in diesem Artikel beschrieben haben, unsern Lesern überlassen. Wir wollen nur erinnern, daß wir im Journale vom Anfänge an solche Folgen als unausbleiblich angekündigt haben, und die Revolutions- und Frankenfreunde zur Beherzigung einladen.

Die Geschichte dieses Artikels geht bis zum 9ten April. Die fernern Nachrichten werden noch, so weit sie eintreffen, nachgetragen werden.

Französischer Krieg. Fortsetzung

Stück 4, # 12, Seite 407 ff

Noch waren bis jetzt die Kriegsbegebenheiten von keiner großen Wichtigkeit. Unterhandlungen von mehrere Seiten wegen der Fortdauer des Preußischen Antheils an dem Französischen Kriege, wovon unter andern Rubriken umständliche Berichte gegeben worden, und gewisse Differenzen bey der alliirten Armee in Flandern deren Entscheidung der Gegenwart des herbeyeilenden Kaisers Vorbehalten wurden, hielten die wirksame Eröfnung des Feldzugs zurück. <408>

Nach einem zu Valenciennes am 18 März gehaltnen Kriegsrathe, und einer allgemeinen Conferenz der sämtlichen Generalität aller alliirten Armeen, zu Ath, am 20sten März, wovon wir die besondern Umstände zwar wissen, aber vorjetzt noch nicht dem Publico sagen können, eilte der Erzherzog Carl nach Wien zum Kaiser, und der Englische Gesandte nach London. Vor der Entscheidung jener Höfe konnte nicht wohl etwas großes unternommen werden, denn die Differenz war unter den Höchstcommandiren selbst. Man hat davon in den Zeitungen ganz falsche Nachrichten verbreitet. Das vorgefallne betraf weder Friedens-Vorschläge noch das wesentliche des Operations-Plans selbst. Es ist auch ganz falsch, daß das Hauptquartier des Prinzen von Koburg nach Engle-Fontaine vorgerückt wurde, wie in den Zeitungen stand. Es blieb zu Valenciennes. – Der Kaiser eilte so sehr von Wien in die Niederlande, daß er am 2ten April schon von Wien abreisete, und am 9ten in Brüßel ankam.

Unterdessen hatten die Franzosen ihr Heil versuchen wollen. Der commandirende General Pichegru hatte alle Truppen näher zusammen gezogen, und zog selbst mit einem starken Corps ins Cambresis. Am 29sten März unternahm er einen Angrif längst der ganzen Kette der alliirten Armee von Landrecy, Cateau, Solesmes, Douchy, und Denain. Er selbst commandirte das Hauptcorps, welches nach Aussage aller Deserteurs und Gefangenen, 38,000 Mann stark war. […]

Mai 1794

Siege des Kaisers über die Franzosen. Schlacht bey Landrecy. Allgemeine dreyfache Schlacht in der Ebene von Cambresis, bey Catillon. Eroberung der Festung Landrecy. Siege an mehrern Orten. Glorreicher Fortgang der Alliirten Waffen

Stück 5, # 07, Seite 497 ff

Die Ankunft de Kaiser bey dem Kriegsheere ward die Epoche großer Siege, großer Begebenheiten. Die erste war der Sieg, welchen wir schon im vorigen Monate S. 448 vorläufig angezeigt habe.

Am 16ten April kam Franz der Zweyte bey seiner Truppen an. Sein Anblick erregte bey ihnen unbeschreibliche Freude. Sie lieben ihn noch von dem Türkenkriege her, mit einer Art von Enthusiasmus. Ein Unterofficier, welcher in jenem Krieg die Verdienst-Medaille erhalten hatte, rief laut: „Brüder! als ich diese Denkmünze bekam, stand unser Franz nur einige Schritte vor mir, und ich schwöre, daß er sie so gut verdient hatte, als ich." Ein Jubelgeschrei folgte darauf.

Noch an demselbigen Tage erhielten alle Corps Befehl, sich auf jedem Augenblick zum Vorrücken bereit zu hatten. Das Hauptquartier war zu Engle-Fontaine, zwischen Valenciennes und Landrecy. Der Kaiser übernahm Selbst das Ober-Commando der gesamten großen Armee, und zwar, nach der in der Wiener Zeitung davon bekannt gemachten Anzeige dergestalt, daß Se. Majestät in Ansehung derjenigen Geschäfte, die den Dienst, den Zustand der Truppen, und die Operationen der Armee betreffen, das ganze Detail unter eignen Augen führen lassen, der Feldmarschall, Prinz von Koburg, hingegen, der Vereinigungspunct bleibt, an welchen alle Anordnungen Sr. Majestät, und des

Hofkriegsraths zusammenfließen, mithin auch von diesem ruhmvollen Feldmarschalle alle diese Geschäfte besorgt werden. <498>

Noch graute kaum der folgende Tag nach der Ankunft des Kaisers, der 17te April, als Franz sich an die Spitze seiner Armee stellte, und Ordres gab, die feindlichen Stellungen von Bouchain bis hinter Landrecy hin, anzugreifen. Er selbst, und seine beyden Brüder, die Erzherzoge Carl und Joseph, ritten durch die Glieder, und munterten die Truppen zum Muthe und zur Standhaftigkeit auf. „Streitet heute tapfer, meine Kinder, sagte der Kaiser, und zog den Degen, mit Gottes Beistand müssen wirs durchsetzen. Seyd tapfer!" Ein Geschrey erscholl, „Siegen oder sterben für unsern Franz!" und lief die Linien herunter. Die gesammten Heere formirten sich an dem Selle-Fluße, bey Montay und Foreste in 3 Armeen; eine befehlichte an des Kaisers Seite der Prinz von Koburg, die zweyte der Herzog von York, vereinigt mit dem Corps des Kais. Generals von Otto, die dritte der Erbprinz von Oranien, mit dem Corps des K. Generals la Tour. Der Marsch zog in 8 Colonnen, wovon die erste linker Hand bey Ors und Carillon über die Sambre drang, die zweyte gegen Masinguet auf Femy und Oysy, die dritte, bey welcher der Kaiser selbst war, über Vaßigny auf die Anhöhen von Grandpleu, die vierte über St. Soupleant auf Vaux gegen Bochain, die fünfte über Maret gegen Premont, die sechste über Lignie nach Creveceour, die siebente über Bauvais nach Cambray, und die achte über St. Hilaire nach Naves an marschirten. […] <502>

Die Anzahl der den Franzosen insgesamt abgenommenen Kanonen wird zu 54, in andern Berichten zu 62 angegeben. Gefangen wurden 1,500 Mann. Den Verlust der Franzosen an Todten und Verwundeten rechnete man auf weit über 12,000 Mann. Die Bataille hatte von 4 Uhr Morgens, bis in die späte Nacht gedauert. Am folgenden Tage waren die Sieger noch mit Verfolgung des Feindes beschäftigt, und kamen eines Theils bis nach Gruse, und andern Theils bis an Cambray heran. Sie hatten keinen sehr großen Verlust, den man auch bis jetzt noch nicht bestimt angegeben hat. Die Geschicklichkeit der Tactik hatte ihren Truppen viele Vortheile geschaft, und die meisten Franzosen waren nach der allenthalben verursachten Verwirrung, und auf dem Rückzüge getödtet worden. Die Kavallerie hatte das meiste zu dem Siege beygetragen, und die Ebene von Cambresis, besonders bey Carillon, wo das Haupttreffer war, gab der Cavallerie den großen Vortheil des Terrains, daß <503> sie agiren, und alle Manoeuvres ausführen konnte. So wurde die Schlacht bey Catillon die größte, die wichtigste, die glorreichste für die Alliirten in dem ganzen bisherigen Kriege. [...] <510>

So blutig und wichtig der Zeitraum, den wir eben beschrieben haben, in jenen Gegenden von Flanderns Küsten bis an die Mosel hinab, war, so wenig merkwürdiges fiel in den Gegenden am Rheine vor. Von den Barbareyen und Missethaten der französischen streifenden Corps giebt der Artikel von Teutschland Nachricht. Die Französische sonst große Rhein-Armee war aber durch die vielen nach der Mosel, und ins Luxemburgsche hingeschickten Truppen, sehr geschwächt worden. Sie unternahm nichts erhebliches Die teutsche Reichs-Armee sammelte sich erst, und der Ober-Befehlshaber der Herzog von Sachsen-Teschen, bereisete den Oesterreichischen Cordon, der mit unter seinen Befehlen stand. Man steckte viele Lager von Mannheim bis Basel hin, ab. Man machte Anstalten zum Vorrücken. <511>

Die Preußische Armee, von welcher einzelne Detaschements die Franzosen aus Worms, Frankenthal, und andern Orten vertrieben, verhielt sich bis zum 5 Mai ganz ruhig. An diesem Tage fieng sie an, sich in Bewegung zu setzen. Das Kalkreutsche Corps rückte bis Kusel und Meißenheim vor: das Hohenlohische Corps von Grünstadt bis nach Donnersberg, die Magazine wurden nach Worms verlegt. In die vom Hohenlohischen Corps verlaßne Position rückte das Möllendorfsche Corps nach.

Indem sich so von allen Seiten die Preußische Armee in Bewegung setzte, zog sich die französische Rhein-Armee zurück, verließ eilig Zweybrücken, und Homburg, und marschirte bis nach Saarlouis.

Die fernern Kriegs-Begebenheiten wird noch ein folgender eigner Artikel enthalten.

Frankreichs Mord- und Revolutions-Scenen. Erklärung der Vernichtung des Völker-Rechts. Neue seltsame Religion, Secte. Robespierres Tyranney. Ermordung der Prinzeßin Elisabeth

Stück 5, # 10, Seite 526 ff

Robespierre, dessen Tyranney eine unter allen Jahrhunderten der Welt ausgezeichnete Blut-Epoche macht, und dessen Genie alle Tyrannen-Genien des menschlichen Geschlechts, wie ein Niese, kleine Kinder, übertrift – die Allgewallt von Frankreich an sich gerissen, und den sogenannten Wohlfarts-Ausschuß zu seinem Ministerium gemacht hat, ist der so genannte National-Convent gar nichts mehr, und dient blos das Volk durch Tiraden, und Mascopien, die man demselben vormacht, zu amüsiren, und zu betrügen. Robespierre, dem man Unrecht thun würde, mit Nero, Caligula, oder Tiber[ius], oder irgend einem andern Wütrich zu vergleichen, weil alle Tyrannen der Welt gegen ihn nur elende Schüler waren – Satan-Robespierre hat es so weit gebracht, daß es der Geschichte unmöglich ist zu beschreiben, wie viele Menschen in Frankreich hingerichtet werden, wie viel Menschenblut täglich vergossen wird, unmöglich ist, zu beschreiben, wie vielfältig, wie groß, wie unendlich das Unglück Frankreichs ist.

Die vornehmsten Merkwürdigkeiten von Frankreich bis zum 12ten Mai gab die Guillotine. Sie machte das große Reich zu einem weiten Grabe. Täglich wurden, <527> allein in Paris, eine Menge Menschen geköpft, von einem Posttage zum andern, war die Zahl immer 50 bis 70 und oft mehr, an jedem Tage 10, 20, 30, 40, und fast alle die angesehnsten, ehrwürdigsten, rechtschaffensten, oder die reichsten Personen. Die Tödtungen waren so gewöhnlich, daß man einen einzigen Tag, an welchem keine Hinrichtung geschahe, und die dem Gebrauche nach zur täglichen Execution gerichtete Guillotine keine Blut-Opfer bekam, als einen ganz ausgezeichneten seltnen Tag bemerkte. Und das Volk klatschte Beyfall zu, als die Guillotine wieder abgenommen wurde, ebenso wie es klatscht, wenn blutige Menschen-Köpfe fallen. – Welch ein Volk!

Wer könnte, wer wollte die Menschenköpfe alle zählen, und benennen, welche nur in dem verwichnen Monate gefallen sind. Am 18ten April wurden 19 Personen hingerichtet, am 19 – 25, in den 4 Tagen bis zum 23 April 68, am folgenden Tage 25, am 2ten Mai 16, am 3ten 10, vom 4ten bis 9ten Mai 66. In Gefängnißen waren am 10ten Mai über 8,000 Menschen.

Von den Hingerichteten bemerken wir hier nur, daß alle ehmalige Parlamentsräthe und Präsidenten, die in Paris waren – die eben durch ihre ersten Widersetzlichkeiten gegen den Hof die Zusammenberufung der Stände, und dadurch die Revolution veranlaßten – daß fast alle Banquiers, und darunter auch der reichste, der berühmte la Borde, dessen Vermögen man auf 40 Millionen Livres schätzte, daß 28 General-Pächter, deren Vermögen 80 Millionen betrug, die meisten Wittwen der vorher geköpften fast alle adliche und vornehme Damen, die in Paris wohnten, und die noch daselbst befindlichen Deputirten bey der ersten National. Versamlung durch die Guillotine getödtet worden sind.

Namentlich bemerken wir noch unter den Hingerichteten, Guy le Pelletier, den Stifter des Jacobiner-Clubs, Duval d'Epresmenil, der erste der in dem vorigen Pariser Parlamente dem Edict des Königs wegen <528> Geld-Anleihe widersprach, und die Versammlung der

Stände veranlaßte, und auf eine Zeitlang exilirt war, nachher Deputirter bey der ersten National-Versammlung wurde, und sich da als ein Redner der rechten Seite gegen die demokratische linke, auszeichnete – vornehmlich aber den edlen verewigten Malesherbes, den freiwilligen Vertheidiger Ludwigs des XVI., einen Greis von 72 Zähren, den ehrwürdigsten, tugendhaftesten Mann in Frankreich. Unsere Leser kennen ihn aus der Geschichte des unglücklichen Ludwigs.

Ueberhaupt ist keine von den angesehnen Familien Frankreichs, welche anjetzt nicht einen Vater, Bruder, Schwester, oder andern nahen Anverwandten zu betrauern hätte.

Am 10ten Mai wurde die schuldloseste, die erhabenste, die tugendhafteste Person in Frankreich, des getödteten Königs Schwester, die Prinzeßin Elisabeth auch hingerichtet. Dieser heilige Engel unter den Menschen war stets, auch bey den wütendsten Mishandlungen der Königlichen Familie, noch immer geschont worden. Die Bösewichter selbst hatten Ehrfurcht für sie. Sie ward indessen immer mit der Königs-Familie zugleich bewacht, und theilte auch ihr Schicksal mit ihr in dem Gefängniße des Tempel-Thurms, in welchem sie, nach dem Tode des Königs, abgesondert von allen Menschen, eingekerkert blieb, und Niemanden sahe, als den Kerkermeister, und Knechte Robespierres als Wächter. Am 8ten Mai ließ Satan Robespierre die Prinzeßin aus dem Thurme nach dem Gefängniße der Conciergerie schleppen, von da vor das Blutgericht des Revolutions-Tribunals, welches sie am 10ten Mai zum Tode verurtheilte, und gleich darauf durch die Guillotine ermorden ließ. Sie wurde mit 29 andern Personen, meist adlichen, worunter die beyden Grafen von Lomenie, und einige vornehme Damen waren, getödtet. Durch eine raffinirte Grausamkeit war befohlen, daß die Prinzessin erst die 24 Verurtheilte mußte hinrichten sehen, und zuletzt das Schaffot bestieg. Sie rang betend die Hände gegen <529> Himmel, von da ihr Trost und Standhaftigkeit kam – kein Priester existirt bekanntlich mehr in Frankreich – und sie starb mit einer solchen erhabnen Faßung, daß der Scharfrichter selbst und alle Umstehenden, bis in Thränen gerührt wurden. Sie war am 3ten Mai 30 Jahre alt geworden, und hatte ihr Leben zum Muster des edelsten Wandels gemacht. Die Bösewichter des Blutgerichts verurtheilten sie, als überführte einer Verschwörung gegen die Freyheit und Sicherheit des Volks – sie – die im tiefen Gefängniße keinen Menschen als ihren unbarmherzigen Wächter sahe. Alle Verurtheilungen aber sind von einem Schlage, alle geschehen wegen angeblicher Ueberführung eines Complotts oder Vorhabens gegen die Freyheit des Volks. Zeugen sind bald da, daß dieß oder jenes einmal gesagt worden sey, und so ist das Todes-Urtheil da.

Zugleich mit den Hinrichtungen dauerten die Arretirungen täglich fort. In den 8 Tagen vom 30 April bis 7 Mai waren wieder 300 Personen eingekerkert worden. Die Anzahl der Gefangnen betrug über 8,000. Selbst ein Jacobiner sagte:

> Die zwey Ausschüße welche die Ankläger, Richter, und Henker machen, sollten doch die Barmherzigkeit haben, jedem Bürger sein Verhalten vorzuzeichnen. Der Cordelier wird guillotinirt, der Jacobiner wird guillotinirt, der Gemässigte wird guillotinirt, der Reiche wird guillotinirt, wer schweigt, oder redet, wer für, wer wider die Freyheit und Gleichheit spricht, muß zur Guillotine wandern. Kein Mensch kann mehr auf einen Augenblick seines Lebens rechnen, er verhalte sich auch so gut, so behutsam, so stille er wolle.

Aber Robespierre, welcher die Adlichen, und Reichen, als Contra-Revolutionaire auf die Seite geschaft hat, muß sich, nach seinem Plane auch aller derjenigen Personen entledigen, die Kopf genug haben, um ihn zu beurtheilen, deren Talente ihm fürchterlich sind. Daher hat er bereits im Convente erklärt, daß noch eine gefährliche Aristokratie vorhanden sey, nämlich die <530> schönen Geister, deren Köpfe alle nun sehr unsicher stehen. Da übrigens alle reiche und wohlhabende Menschen theils hingerichtet, theils verbannt sind, theils deren Vermögen in Beschlag genommen worden ist, so kann die

Schatzkammer zu jeder Bezahlung offen stehen. Es melden sich keine Rentenirer. Nur die Armeen erfordern monatlich immer 300 bis 400 Millionen, und die Emissaire zur Verführung fremder Völker, in fremden Landen, auch viele Millionen.

Nach unsern Privatberichten besorgte man sehr in Paris, eine neue allgemeine Niedermetzlung aller, an achttausend Menschen, sich belaufenden Gefangnen.

Der Mangel an Lebensmitteln aller Art nahm in Paris wieder so sehr zu, daß man die betrübtesten Folgen davon erwartete, und das unruhige Volk nur mit der größten Strenge der gewafneten Macht noch konnte im Zaume gehalten, und die zusammenlaufenden Haufen auseinander getrieben werden. In vielen Gegenden des Reichs war der Mangel schon in Hungersnoth übergegangen. In Elsaß, Lothringen, und im mittägigen Frankreich waren Seuchen eingerissen, welche viele tausende tödteten.

Die Royalisten in der Vendée hatten am 23 April einen vollständigen großen Sieg über die Convents-Truppen erfochten, welche letztere eine ungeheure Menge Menschen, und ihre ganze Artillerie verloren hatten. Der Anführer der Convents-Truppen Axo, hatte sich selbst eine Kugel durch den Kopf gejagt, da er eben gefangen genommen werden sollte. Die Artillerie der Convents-Truppen war so ganz hinweg, daß man von St. Malo alle dort befindliche Reserve-Artillerie in aller Eile wegholte. Die Royalisten, welche durch viele Ueberläufer verstärkt wurden, hatten eine ansehnliche Macht beysammen, die man auf 100,000 Mann angab, und hatten einen großen Strich Landes in Poitou, Manie, und Bretagne inne.

Im Convente fiel, wie bereits oben gesagt, wenig für Ausländer merkwürdiges vor. Barrere, der <531> Kriegs-Minister des Robespierre ist, vergrößerte die Vorteile, welche die Convents-Truppen in Italien, an der Spanischen Grenze, und anfänglich in Flandern hatten, sprach von den großen erlittenen Niederlagen mit wenigen Worten, als von unbedeutenden Dingen, und bedrohete alle die mit Gefangenschaft und Tod, welche schlimme Nachrichten verbreiten würden.

Bey Gelegenheit des Durchmarsches der Convents-Truppen durch das neutrale Genuesische Gebiet, sagte er grade zu, daß die jetzige Regierung kein Völkerrecht mehr anerkenne. Die lügenhaften und hinterlistigen Gründe, sagte er, die man gewöhnlich aus der sogenannten Diplomatik hernimmt, müssen vor den ewigen Rechten der Völker, und den nothwendigen Erfordernissen der Freyheit verschwinden. „Wir bedurften, setzte er hinzu, im Süden von Europa nicht blos eines einfachen Kriegsglücks, sondern auch einer politischen Finte."

Um das Volk bey den erlittnen Niederlagen mit etwas andern zu amusiren, und die Aufmerksamkeit auf etwas neues zu ziehen, rückte Robespierre am 7 Mai mit dem von ihm längst ausgebrüteten neuen Religions Mischmasch vor. Es ist schon vorlängst im Journale bemerkt worden, daß Robespierre eine Religions Secte stiften wolle. – Nun kam er mit seiner sogenannten Religion zum Vorscheine. Sie verdient nicht umständlich angeführt zu werden, denn sie hat weder System, noch vernünftigen Zusammenhang. Sie ist ein Gemisch vom heydnischen Aberglauben, und von der natürlichen Religion. Sie wurde zu einem Decret gemacht.

Das Französische Volk, {so lautet das Decret} erkennt das Daseyn des höchsten Wesens, und der Unsterblichkeit der Seele. {Als wenn der Verfaßer des Decrets das ganze Volk selbst wäre, und wüßte, was das Volk erkennte, und nicht erkennte.}

2} Zur Ausübung dieser Religion gehört der Abscheu für Tyranney, und die Bestrafung der Tyrannen. {Man weiß daß Tyrannen in Paris die Könige bedeutet, also ist Königs-Haß zur Religion gemacht.}

3} Die hohen Festtage dieser Religion sind die Mord- und <532> Bluttage, der 14te Julius 1789, der 10te August 1792, der 21ste Januar 1793, da Ludwig der XVI. ermordet wurde, der 31ste Mai 1793. An den Decaden-Tagen soll man Feste feyern

dem höchsten Wesen;

der Natur;

dem Haße gegen Tyrannen {d. i. Könige in der Pariser Sprache};

dem Ruhme;

dem Stoicismus;

dem Glücke {wie die Römer die Göttin Fortuna feierten, also völlig heydnisch};

dem Unglücke {so wie eine Secte der Chineser dem Teufel anbetet, dass er nicht schade}.

Dieß wird hoffentlich für jeden unpartheyischen denkenden Leser hinreichend seyn, um die Robespierrsche Religion zu beurtheilen.

Es wird zwar in diesem Decrete gesagt, daß die andern Religions-Uebungen frey seyn sollen, aber mit solchen Einschränkungen, die so gut als Verbote sind. Auch leidet man keine Priester. Und als in Paris am Ostertage viele ihre Laden verschlossen, zwang die Munizipalität alle Bürger, alle Laden wieder zu öfnen, bey Strafe, als Verdächtige ins Gefängnis, geworfen zu werden. Als in Amiens verschiedene Bürger die Sonntage in ihren Häusern ganz in der Stille feyerten, wurden sie als Verdächtige eingekerkert.

Indessen hatte Robespierre in dem Wohlfartsausschuße selbst Gegner bekommen, die es müde waren, seine gezwungnen Organe zu seyn. St. Just, und Billaud de Varrennes, und Barrere, fiengen an eine Gegenparthey zu formiren, und die blutdürstigen waren unter sich selbst uneinig, ob sie gleich immer mehrere arretiren ließen, und am 13 und 14ten Mai wieder 40 Personen, von allen Ständen, hingerichtet wurden.

Juni 1794

Genauere und neueste Berichte von dem Kriege der Royalisten in der sogenannten Vendée

Stück 6, # 02, Seite 563 ff

Fortgang der Alliirten Waffen gegen die Franzosen. Viele, und große Schlachten, und blutige Treffen; täglich vom 17 Mai, bis 4ten Junius. Siege der Alliirten

Stück 6, # 05, Seite 593 ff

Robespierres Monarchie, Tyranney, und Elend in Frankreich

Stück 6, # 10, Seite 650 ff

Nachdem Robespierre die Maschienerien der freyen Volksgesellschaften, und die Jacobinischen Aufwiegler genug gebraucht hatte, und sie diesem seinen Volksdespoten den Weg zu seiner Monarchie genug gebahnt hatten, so warf er die Instrumente weg, und zum Theil unter das Meßer der Guillotine. Durch sie hatte er die Großen des Reichs umbringen lassen, nun kamen sie an die Reihe. Er ließ nun durch seine Minister, die Mitglieder des Wohlfahrts-Ausschußes, alle Zusammenkünfte des Clubbs, alle Versammlungen der Sectionen theils verbieten, theils durch Furcht sie zertrennen, und selbst die

Jacobiner mußten es sich gefallen lassen, den Götzen anzubeten, den ihre unsinnige Freyheits- und Gleichheits-Schwindeleyen erschaffen, und erhoben hatten. Sie durften nichts mehr thun noch selbst sagen, als was ihnen der Monarch Robespierre befahl, oder befehlen ließ. In dem Clubbe war ein bloßer Wink von ihm genug, um Schweigen und Reden, und alles, nach allmächtigen Gefallen zu gebieten, oder zu verhindern. So wahr ist alles geworden, was im ›politischen Journale‹ von den Volksbetrügern, die unter der Maske der Freyheit und Gleichheit ein Volk verblenden, und unglücklich machen, vom Anfange an geurtheilt worden ist. So wahr ists, daß aus einer Monarchie, nie eine wirkliche Demokratie werden kann, wenn gleich die Demagogen dieß Blendwerk dem Volke vormachen, indem sie sich endlich selbst auch unter einander stürzen, bis der arglistigste von allen – Despot über alle wird. <651>

Welch ein Beyspiel giebt jetzt Frankreich für alle die nicht verderbt, oder verblendet sind. Alle diejenigen, die die Revolution, zum Theil aus bloßen Enthusiasmus, bewirken halfen – sind hin! – Die Pariser Volksgesellschaften, durch die man sonst das Volk electrisirte, wie man zu sagen pflegte, sind auseinander getrieben, und haben mit Demuth an den Wohlfarts-Ausschuß erklärt, daß sie sich nicht wieder versammeln wollten. Collot d'Herbois bedrohte sie – sie die sonst alles niederrissen – mit dem Zorn des Wohlfarts-Ausschußes. Und sie verschwanden. Selbst der sonst all mächtige Pariser Rath, jene Municipalität, die sich schon einbildete, ein Römischer Senat zu seyn, hat gehorsamlich beschlossen, sich nur dann und wann, wenns der Wohlfarts-Ausschuß erlaubt, zu versammeln.

Weil Furcht und Schrecken die besten Mittel sind, ein wildes Volk im Zaume zu halten, so gieng die Guillotine ihren täglichen Gang unaufhörlich fort. Täglich strömte Blut von vielen abgeschlagnen Menschenköpfen in Paris, unaufhörlich. Der Wohlfarts-Ausschuß, hielt es der Wohlfart gemäß eine neue Commißion niederzusetzen, welche die eingekerkerten nach und nach dem Revolutionstribunale überlieferte. Die Listen der Hingerichteten betrugen von Posttag zu Posttag 30, 45, 60 u.s.w. Oft wurden an einem Tage 20, und mehrere, z. B. am 3ten Junius 23 Personen hingerichtet. Unter allen diesen unzählbaren

Opfern der Guillotine war doch eine Gerechtigkeitspflege. Der ruchlose tausendfache Mörder, Jourdan, der zu Avignon, und an andern Orten so blutig Schaaren von Menschen tödtete, von dem im Journale mehrmalen Meldung geschehen, der den Namen des Kopf-Abschneiders bald im Anfangs der Revolution sich verdiente, wurde auch endlich, am 2ten Junius, dem Beile der Guillotine überliefert, und dem Kopfabschneider, wie er sich selbst nennte, wurde sein eigner Kopf abgeschnitten. Er hatte den Demagogen nun ausgedient und erhielt die Löhnung, die sie ihren Dienern zu geben pflegen.

Im Anfänge des Junius entkamen verschiedne Personen glücklich aus Paris, und schilderten wo sie hinkamen, <652> Frankreichs Zustand, wie folget. Einer, der in Bern ankam, sagte:

> Vor einem Jahre ruhete man noch auf Rosen in Paris im Vergleiche der jetzigen Hölle. Paris ist völlig in einen viehischen Zustand gerathen, und gehört nicht mehr in die Reihe der Städte, wo Menschen wohnen. Kein Mensch untersteht sich aus Furcht nur ein Wort zu reden.

Ein andrer, wohl unterrichteter Mann, der das Glück gehabt hatte, aus Paris zu entkommen, sagte, wie ein Bericht aus Cleve meldet:

Die Zahl der eingekerkerten Personen sey unendlich viel stärker, als man in den öffentlichen Blättern anzeigte, in Paris allein wären über 30,000 Menschen, theils in Gefängnißen, theils in ihren Wohnungen arretirt, und der Zahl der Arretirten in dem übrigen Frankreich belaufe sich über 600,000 Menschen.

Sowohl in Paris, als in den Provinzstädten war man es so gewohnt, Menschenblut vergießen zu sehen, daß man davon nicht mehr gerührt wurde; die Schlacht-Opfer selbst giengen mit vollkommner Gleichgültigkeit auf die Schaffotte. In Paris hatte man 33 Schauspiele, und rechnete die Guillotine als das 34ste. Die Straßen waren voller unzüchtiger Weibsbilder, diejenigen von ihnen, welche von den Konvents-Deputirten unterhalten wurden, und den Personen, die zur herrschenden Parthey gehörten, waren mit Diamanten reich geschmückt. Robespierre wurde auf eine unglaubliche Art gefürchtet, selbst von seinen Ministern, den Mitgliedern de Wohlfarts-Ausschußes. Er beobachtete, wie andere Vorgänger in ähnlichen von ihm betretenen gefährlichen Laufbanen, äusserlich eine sehr simple Lebensart, und stellte sich ganz uneigennützig, welches freilich leicht ist, wenn man der Alleinherrscher dar Menschen und der Schätze eines weiten großen Königreichs ist. Von den Convents-Mitgliedern war nicht die Hälfte mehr da, und die sich noch in Paris befanden, waren so furchtsam, so sclavisch, daß sie auf den Straßen lauerten, bis ein Mitglied des Wohlfarts-Ausschußes nach dem Convents-Saale gieng. Dann <653> strömten sie alle nach, hörten was er sagte, kaum an, und acclamirten schon, oder stimmten auf alle erforderliche Weise, zu allem was ihnen vorgesagt wurde.

Mitten unter dieser Tyrannen stieg Frankreichs allgemeines Elend täglich höher. Der Menschenverlust in den vorgefallnen mördrischen Schlachten war so groß gewesen, daß sich der Wohlfarts-Ausschuß schon zur zweiten Requisition genöthigt gesehn hatte, und befohlen, daß alle Menschen in Frankreich bis zum 50sten Jahre, welche die Waffen tragen konnten, und nicht ungesund waren, zu den Armeen nach den Grenze gehen mußten, welche auf solche Art wiederum so zahlreich wurde, daß die große Macht der Alliirten nicht zahlreich genug gegen sie war. Nur in Paris hatte man nicht für gut gefunden, diese Requisition ergehen zu lassen.

Wie sehr Frankreich entvölkert war, zeigte auch ein Decret wegen der Erndte, welches sogar befahl, daß die Einwohner der Städte auf dem Lande sollten die Erndte bearbeiten helfen, denn auf dem Lande waren nicht mehr Hände genug da, um die Erndte zu besorgen.

Bey allen Plünderungen und Räubereyen im ganzen vormals so reichen Lande, bey allen Prahlereien im Convente von tausenden von Millionen, die vorräthig wären, und von dem großen National-Schatze, sahe sich der Convent genöthigt, eine neue Kriegssteuer für dieses laufende Jahr zu befehlen, eine Maasregel, die unter den dasigen Umständen das höchste dringendste Bedürfniß anzeigte, und die Versichrung eines aus Frankreich entkommenen Mannes bestätigte, daß es dem Herrscher Robespierre, und seinem Anhange an allem gebreche, daß weder Geld, noch Munition, noch Lebensmittel für die Armeen mehr vorhanden wären. Die offenbar verzweifelte Lage, in welcher sich die herrschende Parthey mit Robespierre befand, gab ihnen verzweißlungsvolle Mittel ein. Sie suchten sich durch königsmördrische Complotte, in Turin, Neapel, England, durch einen in ganz Europa verbreiteten Aufstand, noch auf ihren Sitzen zu erhalten, wovon in den andern Artikeln dieses Monatsstücks umständliche Berichte gegeben worden. <654>

Aber unterdessen waren gegen Robespierre selbst, und gegen einen seiner Minister, dem berüchtigten Collot[18] d'Herbois, Mord-Anschläge im Werke gewesen. Wenigstens kündigte Barrere am 24sten Mai und dem folgenden Tage dergleichen an. Nach seinem Vergeben suchte ein ehmaliger Bediente, Namens Amiral, den Robespierre zu erpreßen, und da er dazu keine Gelegenheit fand, so gieng er nach Hause, in welchem Hause auch Collot d'Herbois wohnte, und schoß auf denselben, da er um 1 Uhr des Nachts zu Hause kam, aber beyde Pistolen, die er abfeuerte, versagten, worauf Collot nach Hülfe rief, und ein Schloßer, der die Thür des Zimmers, worin sich Amiral verschloßen hatte, aufbrach, wurde verwundet, Amiral aber gefangen genommen. Am 26sten kam Barrere mit einer neuen Mordgeschichte im Convente an. Es hatte nämlich ein Mädchen am 22sten Mai durchaus Robespierre sprechen wollen, aber man hätte sie nicht zu ihm gelassen, sondern sie vielmehr als verdächtig angehalten, und nach der Sicherheits-Commißion gebracht, wo dieses Mädchen {Namens Cecilie Regnault, Tochter eines Papierhändlers in Paris} zwar gesagt habe, daß sie nichts Böses habe vornehmen, sondern nur Robespierre persönlich kennen lernen wollen, aber doch habe gestehen müssen, daß sie unterwegens nach der Commißion, {da man sie nämlich als eine Gefangne wegführte, und sie darüber aufgebracht, und sogar gereizt wurde sich durch Reden zu vergehen} gesagt habe, die jetzige Regierung sey tyrannisch, und unter der Regierung eines Königs, da man doch die öffentlichen Beamten habe sprechen können, sey man viel besser dran gewesen. Man fand bey ihr nichts als zwey Meßer, mit denen sie, nach ihrer Versichrung, Niemanden hatte Schaden thun wollen. – So viel Lärmen man auch mit diesen Geschichten im Convente machte; so sehr

---

[18] In der Vorlage: „Collet".

hielt ganz Paris sie für eine neue Maschienerie von Robespierre. Er hatte, sagte man, sich den Collot d'Herbois durch einen Meuchelmörder vom Halse schaffen wollen, und jenen Menschen, Amiral, durch weit her und künstlich angelegte Aufhetzungen dazu <655> bringen lassen, habe heimlich um alle gewußt, sey deshalb dem Amiral nicht in den Weg gekommen, und da der Anschlag mißgeglückt, habe man das oben gedachte Mädchen zu einer neuen Maschine gemißbraucht, um die Attention von Collot d'Herbois auf Robespierre zu lenken, und dabey dem Volke, in Rücksicht seines Antheils an Robespierres Schicksal, auf den Puls zu fühlen. So wurde nach mehrern Berichten in Paris von jenen Geschichten geurtheilt. Indessen wurden beyde Werkzeuge, Cecilie Regnault, und Amiral sehr schnell hingerichtet.

Die Sitzungen des Convents boten, außer diesen Dingen, und den prahlerischen Unwahrheiten des Barrere, von Siegen und großen Eroberungen {so daß er gar sagte, in der Schlacht am 22 Mai habe Pichegru gesiegt, und sey über die Schelde gegangen} wobey die Verluste, und die Eroberungen aller Westindischen Inseln ganz verschwiegen wurden, nichts für die wahre Zeitgeschichte merkwürdiges dar. Doch ein Decret müssen wir, als einen neuen Schandfleck der Menschheit anführen – ein Decret, durch welches der Convent befahl – es sollten keine Engländer und Hannoveraner mehr gefangen genommen, sondern alle in die Gefangenschaft gefallne umgebracht werden. So weit ist der Convent von Verbrechen zu Verbrechen bis unter die tiefste Hölle, bis zur viehischen Wuth wilder blutdürstiger Tiger herabgesunken. – Der Herzog von York veredelte dagegen die Menschheit, und ließ den Engländern, und Hannoveranern bey Bekanntmachung dieses Decrets, befehlen, sich möglichst aller Repressalien zu enthalten, und die Franzosen menschlich zu behandeln, da man nicht glauben könne, daß sie jenes unmenschliche Decret befolgen würden.

Von den Fortschritten der Royalisten ist schon oben in einem eignen Artikel geredet worden, und wir werden noch viel davon zu erzehlen haben. Auch zu Aix und zu Marseille waren Unruhen ausgebrochen, wovon man noch keine genaue Umstande wußte. <656>

Am 3 Junius wurde zu Paris das so sogenannte Fest des höchsten Wesens mit einer Proceßion gefeyert, wobey Robespierre auf dem Marsfelde von Tugend und Religion sprach, und seine Tyranney mit Gotteslästerung krönte.

Aus einem Schreiben von Paris, vom 13 Junius

Stück 6, # 13, Seite 680

können wir, in der äussersten Beschränkung des Raums, nur folgendes kürzlich anführen.

„Unsere Verzweifelung steigt täglich höher. Man hat an dem bisherigen täglichen Guillotinaden noch nicht genug gehabt. Man hat das Revolutions-Tribunal vervielfältigt. Robespierre hat es im Convente durchgesetzt, daß nun 4 Revolutions-Tribunale errichtet worden, jedes von 3 Richtern, und 9 sogenannten Geschwornen. In allem sind nun 1 Präsident, 3 Vice-Präsidenten, und 50 Geschworne unaufhörlich beschäftigt, Menschen zum Tode zu verurtheilen. Sie haben die unumschränkteste Gewalt, und müssen alle zum Tode verdammen, welche auch nur die öffentliche Meynung irre zu führen versuchen, welche falsche Nachrichten verbreiten, welche die Sitten verderben u.s.w. Jedermann har das Recht, die Verdächtigen anzugeben. So hat eine Frau binnen zwey Tagen, allein, 124 Menschen denuncirt. Den Angegebnen werden keine Vertheidiger, keine Zeugen mehr für sie, gestattet, wohl aber den Angebern, wenn dadurch noch mehr Mitschuldige entdeckt werden können. Angst und Verzweiflung herrscht jetzt durch ganz Paris. Keiner traut mehr dem andern. Ein Vater wagt es nicht mit seinem Sohne zu sprechen, alle Familien-Verhältniße sind aufgehoben. Die Revolutions-Tribunale dürfen nicht einmal freysprechen, ohne vorher dem Wohlfarts-Ausschuße Bericht erstattet zu haben. Unterdessen hat sich eine Parthey im Convents selbst gegen Robespierre und den Wohlfarts-Ausschuß erhoben, und es ist zwischen Robespierre und dem Ausschuße einer Seits, und Tallien, la Croix, le

Cointre, Bourdon vom Oise-Departement anderseits in den Tagen vom
10ten bis 13ren Junius zu so heftigen Debatten und Drohungen gekommen, welche wiederum neue blutige Auftritte, und Begebenheiten her-
beyführen müssen."

Juli 1794

Aufklärende Nachrichten aus der Vendée. Von beyden Seiten

Stück 7, # 02, Seite 698 ff

So wie man von der Seite des Convents die Wahrheit von den
Begebenheiten mit den Royalisten in der so genannten Vendée theils
unterdrückt, theils ganz falsche Nachrichten giebt: so werden auch
wieder von Seiten der Royalisten ungegründete oder übertriebne
Nachrichten zuweilen verbreitet. Dahin gehört die Einnahme von
Nantes. Der Verfaßer dieses Aufsatzes hat selbst einen Brief gelesen,
welcher die unverwerflichste Autorität hatte, und die Einnahme von
Nantes durch die Royalisten versicherte. – Nachstehendes Schreiben
aus Jersey vom 5ten Junius giebt wenigstens deutliche Begriffe von diesem sonderbaren Kriege. Man ersieht daraus die Umstände und
Gründe, weswegen die Royalisten nicht an Eroberungen von großen
und festen Plätzen denken, und wie sie ihren Krieg zu führen pflegen.

„Es sind vorgestern, heißt es in jenem Schreiben, mehrere Personen aus der Vendée hier angekommen, welche einstimmig versichern, daß die Armee der Royalisten wirklich über 80,000 streitbare,
und wohl disciplinirte Männer stark sey, ohne die andern Mitstreiter
zu rechnen, wenn die Sturmglocken gezogen werden. Sie haben gute
Waffen. Da es ihnen aber an Munition gebricht, so behalten sie ihre
feste Posten besetzt und wagen <699> es noch nicht, aus Ober-Poitou
bis gegen Nantes vorzurücken. In den Gefechten schießen sie nicht
leicht anders, als mit Sicherheit zu treffen, stürzen aber sobald als

möglich mit dem Bajonette auf den Feind ein, und haben sich um desto fürchterlicher gemacht, da sie weder Pardon geben, noch annehmen. Da es ihnen an Magazinen, und Fortbringung der Lebensmittel fehlt, so theilen sie sich in Haufen, und finden so ihre Unterhaltung, die ihnen die Einwohner mit Freuden geben. Sie würden sich sogleich in gesammter Menge erheben, und grade auf Paris marschiren, wenn sie sähen, daß die Truppen der alliirten Fürsten ins Innre von Frankreich eindrängen. Darauf warten sie. Eher werden sie schwerlich, wenn nicht unvorgesehne Umstände in Paris eintreten, diesen Weg nehmen.

Die so genannten Chouans sind nur ein Theil der Royalisten, und 15,000 Mann stark. Sie haben diesen Namen von den 3 Brüdern bekommen, welche die ersten Anführer dieser Truppe waren, die sie in den Waldungen bey Fougéres versammelten. Dieses Corps hat noch die nämlichen Waldungen inne, aber jetzt auch schon die Gehölze bey Rennes, und selbst die bey Pinpont. Es sind von diesem Corps nur immer 4,000 Mann unter den Waffen: die andern helfen beym Landbaue; bis die Sturmglocke ertönt, da dann alles zusammen läuft. Vor kurzen zogen sie bis gegen Rennes hin, von da der Convent ein Corps beordert hatte, um ihre Aufenthalts-Oerter zu zerstöhren. Sie tödteten von den Convents-Truppe 900 Mann, die andern nahmen die Flucht. Unter den Todten befand sich Bomelinais, einer der rasendsten Republicaner. Gegenwärtig werden die Chouans von einem Herrn von Puizé, Marechall de Camp, commandirt. In den Gegenden um Vannes haben sich viele Kirchspiele empört, aber die Empörungen da herum, so wie in Bretagne und der Normandie bestehen blos darinnen, daß sie die Befehle des Convents nicht befolgen, und in gesammter Mannschaft, unter Läutung der Sturmglocken, die Convents-Truppen wegtreiben, welche die Decrete <700> mit gewafneter Macht ausführen, und die neuen Insurgenten vertilgen sollen. Eben solche Gesinnungen herrschen in vielen Städten. So sind zu Caen, Lisieux, Bayeux, und andrer Orten Tumulte gewesen, in welchen das Volk alle Gefangnen in Freyheit gesetzt hat. – So fängt die Contre-Revolution im Innern von Frankreich allmählich an."

Dagegen ist am 22 Junius ein Brief im Convente verlesen worden, von Bachot, Commandanten der gegen die Chouans vereinigten Convents-Truppen, datirt von Cande den 15ten Junius, in welchem derselbe schrieb:

„Am 13 Junius grif meine Colonne zur rechten Seite die Straßenräuber {so nennen die Convents-Anhänger jetzt die Chouans} um halb 4 Uhr des Morgens an, die Colonne des Centrums fiel ihnen in die Flanke, indem die auf der linken Seite an einem Gehölze sich postirte. Zwey Stunden lang war das Feuer lebhaft, und hartnäckig; aber endlich warfen die Kinder der Freyheit den Feind. Das verschanzte Lager, in welchem die Straßenräuber waren angegriffen worden, wurde geplündert, und diejenigen, die es vertheidigten, entflohen. Die Anzahl derer, die wir getödtet haben, ist groß, ohne daß ich sie bestimmen kann. Wir haben Pferde, Küchengeräthschaften, Brod und Wein erbeutet, und ihre Hütten, Hospitäler, und Gebetshäuser verbrannt.“

Man ersieht aus diesem Berichte, daß jener Sieg nicht groß gewesen seyn muß, und ec beweißt zum Theil dasjenige, was oben vorher von den Chouans und andern Royalisten gesagt worden.

Es ist auch vor einiger Zeit ein Manifest der Royalisten erschienen, welches zu merkwürdig ist, um nicht erwähnt, aber zu lang, um im Ganzen hier eingerückt zu werden. Es ist im Namen Ludwigs des XVII. Königs von Frankreich und Navarra, von sämmtlichen Befehlshabern der katholischen, und Königlichen Armeen am 20 März abgefasst, und am 22 April publicirt.

Es heißt in diesem Manifeste:

„Das Französische Volk ist nicht mehr; nur Henkers-Knechte und Schlacht-Opfer <701> giebt es in Frankreich; die Monarchie ist zerstört, die Religion verbannt; überall ist das sich frey nennende Frankreich mit Blut überdeckt. Doch die Meinung, welcher so vieler Zwang angethan wird, ist noch nicht vertilgt. Die Provinzen, welche wir durchwanderten, die zahlreichen Desertionen, durch welche unsre Macht so oft einen ansehnlichen Zuwachs erhalten hat, haben uns von

der Gewißheit dieser Wahrheit überzeugt. Ueberall als Befreyer aufgenommen, wo wir hinkamen, überall Zeugen des Unwillens der Franzosen bey dem Andenken an die unerträgliche Sclaverey, von welcher
unsre Waffen sie befreyten, wissen wir, daß das Reich von Schlachtopfern wimmelt, welchen die Inquisition ein erzwungnes Stillschweigen
auflegt. Wir wissen, daß die Gehülfen der geheimen immer von den
Blutgerichten angenommenen Angebungen, daß die Tyrannen einen
allgemeinen Ausbruch noch zurückhalten, der schon lange ihre Armeen zerstreut, und vernichtet hätte. Die Royalisten Armee in der
Vendée hat schon der ganzen Welt gezeigt, daß sie mit der Reinigkeit
der alten Grundsätze, und der Anhänglichkeit an die vorige monarchische Regierungsform, ihre standhafte Ergebenheit an ihren Souverain
durch ihr Blut besiegelt, durch so manchen Sieg befestiget, und ohnerachtet der Bekümmerniße, die sie erdulden müssen, ihre Stimme erhoben hat, um bekannt zu machen, daß alle in dieser Armee eher sterben
würden, als nur die geringste Veränderung in der katholischen Religion, in der Königlichen Autorität, in der vorigen Constitution der
Reichs zu erdulden. – Nur Friede und Einigkeit ist unser Wunsch.
Schwache Menschen sollen Verzeihung erhalten. Königsmörder aller
Art sollen allein die Strafen für ihre Schandthaten haben. Vereinigt
durch Liebe für den rechtmäßigen König, vereinigt durch die Tröstungen unsrer heiligen Religion, ergeben der alten Constitution, werden
wir erfahren, daß Frankreich noch sein Unglück vergessen kann, werden beweisen, daß es dasselbe noch, durch seine Tugenden wieder gut
machen kann. Gegeben im Hauptquartiere <702> Bressaire, den 20
März 1794, im zweyten Jahre der Regierung Ludwig des XVII. Unterzeichnet: Charette. Bernard de Merigny. Charrier. de la Roche Jaquelin.
Hautivive du Chilleau. de la Chevallerie. de Preches. Chatelinau.
Descharte."

    Wahrscheinlich bezog sich dieses Manifest auf die Erwartung
der Cooperation der Alliirten Mächte, da es der Plan war, nach der
Einnahme von Landrecy, und Bouchain, und Chambray, sogleich ins
Innere von Frankreich einzudringen, da alsdann die Royalisten von ihrer Seite her gegen Paris angerückt wären. Man weiß, daß der Plan

nicht ausgeführt werden konnte, weil man West-Flandern ohne gehörige Bedeckung gelassen hatte, und es auch nicht unter Wasser setzen wollte, wie der General Mak vorschlug. Bey alle dem aber beweißt obiges Manifest, daß die Royalisten-Armee der gefährlichste Feind des Convents, und der Tyranney Robespierres ist, und von derselben noch viel zu erzehlen seyn wird.

Robespierres Herrschafts-System. Tyranney. Verwüstung Frankreichs

Stück 7, # 10, Seite 744 ff

Immer höher wird der Thron von Menschen-Schädeln erbaut, von Menschenblute befestigt, auf welchem Robespierre sitzt, und über das weite große Frankreich Tyranney und Verwüstung verbreitet. Er ist nun mächtiger, mehr gefürchtet, aber auch tyrannischer, als es jemals irgend in Tyrann des menschlichen Geschlechts war. Todes-Schrecken geht vor ihm her, und ein Haufen seiner Knechte umgiebt ihn, wenn er sich von andern Menschen sehen läßt. Sein Herrschafts-System ist neu, und beyspiellos.

Jedermann weiß in Paris, daß zehntausend Mann von der wildesten Gattung, von Robespierre täglich ein <745> sehr hohen Sold erhalten, um stets bereit zu seyn, jedes Unternehmen gegen ihn, jeden Versuch zu Empörungen mit bewafneter Hand niederzuschlagen; und diese allenthalben verbreitete Menschen würden sehr bald ihre Zahl verdoppeln, wenn es nöthig wäre. So gewiß man dieses weiß, so wenig kennt man diese Menschen, die keine Uniform tragen, und wie andre gekleidet, immer unter andern sich befinden, ohne daß diese sie kennen. So dienen sie zugleich zu Spionen, und Niemand kann Niemanden mehr trauen. Jeder fürchtet sich ein Wort zu sagen, oder sich nur durch Mienen etwas merken zu lassen, denn er ist immer in Gefahr verrathen, und auf das Blutgerüste geschleppt zu werden. So machte Schrecken die Einwohnerin Paris stumm, und betäubt, und der tägliche Anblick von Schaaren Menschen aller Stände, welchen die Köpfe abgeschlagen wurden, gab täglich neue Furcht.

Die ehmalige Volksmacht, die Versamlungen der Sectionen, die Clubbs, der Convent selbst, alles steht unter dem Schwerdte Robespierres, und darf nicht anders als nach seinen Winken handeln. Die sonstigen so häufigen Versamlungen der Clubbs, und der Sectionen, haben, außer dem Jacobiner-Clubbe, nur selten, und unter großer Furcht, statt.

Durch diese grausame Macht unterstützt Robespierre sein weitumfaßendes Herrschafts-System. Um für die Priesterschaft, und den Wirkungen eines Religions-Eifers sicher zu seyn, hat er die Religion ganz abgeschaft, und ein Gemische von natürlicher Religion, und Heidenthume zur herrschenden und einzigen Landes-Religion gemacht. Ohne Todesgefahr darf es kein Mensch mehr wagen sich zu einer andern Religion, als die Robespierre befohlen hat, zu bekennen. In ganz Paris wird nur noch in der Dänischen, und Schwedischen Gesandschafts-Capelle christlicher Gottesdienst gehalten.

Da Robespierre wohl einsieht, daß die christliche Religion noch zu stark sehr vielen Menschen eingeprägt ist, um sie in dem gegenwärtigen menschlichen Geschlechte <746> ganz auszurotten, so hat er das Mittel ergriffen, das gegenwärtige menschliche Geschlecht möglichst auszurotten, oder doch möglichst zu vermindern. Da die Hinrichtungen dazu nicht zureichen konnten; so ergriff er das alles verwüstende Schwerdt des Krieges. Um es recht wirksam zu machen, führt er mit fast ganz Europa Krieg, läßt allenthalben alle waffenfähige Mannschaft in den Krieg ziehen, und dazu zwingen. Dann bekommen die Generale Ordres, keine Menschen zu schonen, mit der Menge durchzudringen, es koste was es wolle. Daher kündigte Barrere einen Krieg der Vertilgung am 4ten Julius im Convente an. Daher sagte er, man müsse an keinen Frieden denken, wenn auch das Französische Gebiet ganz von Feinden befreyt seyn würde. – Daher sind alle Gerüchte von Friedensvermittlungen leere grundlose Muthmassungen. Robespierre kann nicht anders als in einem kriegführenden Staate seinen Plan ausführen und befestigen.

Geld – und Brod – die wesentlichsten Dinge der Erhaltung der Staaten – wer die in seine Gewalt bekomt, ist absoluter Herr des Staats. Bisher hat noch kein Despot hierinnen die Kunst so weit getrieben, als

Robespierre. Er hat alles Geld, alles Brod von ganz Frankreich zu seinem disponibeln Eigenthum gemacht Die Reichen und Wohlhabenden sind getödtet, oder verjagt, oder verhaftet worden, ihr Vermögen confiscirt, der Ertrag ihrer Güter Robespierres Willen heimgefallen. Die unerschwinglichen Contributionen, die sich bis auf alles Metall erstreckten, die Befehle, die Assignate bey Todesstrafe gleich mit dem Gelde anzunehmen, haben das Geld für Frankreichs Einwohner, fast unsichtbar gemacht. Robespierre und seine Minister, die Glieder des Wohlfarts-Ausschußes, haben es allein in ihrer Gewalt. Sie gebrauchen es zum Ankaufe des Nöthigen in fremden Ländern, und zu Bestechungen, und Verräthereyen in allen Staaten, und zu verschiednen Gattungen geheimer Ausgaben, die eben nicht unbekannt sind. <747>

Das Brod wurde am 26sten Junius durch ein Decret des Convents den Eigenthümern genommen, und für ein Eigenthum des Staats erklärt, und die Erndte zu einer Regierungs-Angelegenheit gemacht. Der Convent decretirte:

> daß der Ertrag der ganzen Erndte, sowohl von Korn als Fourage, für die Bedürfniße der ganzen Republik, und der Armee in Requisition gesetzt sey; daß nach der Erndte eine allgemeine Aufnahme von allem Getreide, und der Fourage, so in den Gemeinden vorräthig seyn würde, gemacht werden, daß alles in ein besonders Register eingetragen werden solle, und jeder Eigenthümer schon währender Erndte einen Theil seines Getreides ausdreschen solle, um den Requisitionen die geschehen werden, Genüge zu leisten.

Dieses grausam seltsame, und zum Theil, wegen Mangel an Menschen, nicht ausführbare Decret, verursachte in verschiednen Gegenden Murren, und Widerspenstigkeit. Aber eine Despotie, wie die des Robespierre, wird mit allem bald fertig. In einem Dorfe unweit Sens empörte sich das Volk gegen die Ausnehmung ihres Kornvorraths. Es wurden aber 600 Mann mit Kanonen hingeschickt, welche die Menschen in dem Dorfe niederschossen, und das Dorf in Brand steckten. Eben dieses Schicksal hatten einige Dörfer im Elsaß, besonders Geisboltsheim und Mummenheim, die sich der Wegnahme ihres

Eigenthums widersetzten. Sie wurden mit Kanonen in Grund geschossen und völlig zerstört. – So regiert Freiheit und Gleichheit!

Das Schrecken, welches solche Maasregeln verbreiteten, und der Hunger welcher sich an mehrern Orten einstellte, trieben ganze Schaaren Menschen zu den Armeen hin. Die zweite sogenannte Requisition, nach welcher alle waffenfähige Mannschaft auf dem platten Lande zu den Armeen hinmußte, brachte dann auf solche Weise jene ungeheure Maßen von Streitenden in den Niederlanden, die gegen 500,000 Mann ausmachten, zu Stande. Jeder unpartheyisch vernünftige Mann sieht aber leicht ein, daß dadurch das weite volkreiche Frankreich zur Wüste <748> gemacht wird, und daß solch ein Krieg die zahlreichste Nation binnen wenigen Jahren vernichten muß. Indessen ist der Stoß in den Niederlanden dadurch im gegenwärtigen Augenblicke sehr heftig, und für die Freunde Robespierres ergötzend gewesen.

Die frohen Niederländischen Nachrichten sind auch bis in die Mitte des Julius hin, als so weit die Berichte vorjetzt reichen, die vornehmsten Gegenstände im National-Convente gewesen. Besonders hat Barrere nach seiner Art darüber mit Pralerey, und Unwahrheiten, häufig declamirt. Man ist aber dabey so unvorsichtig gewesen, einen constatirenden Beweis bekannt zu wachem, daß nicht die Menge allein, sondern auch die Verrätherey den Franzosen ihre glücklichen Fortschritte in den Niederlanden zuwege gebracht hat. Man verlaß im Convente einen Brief vom General Jourdan, vom 25sten Junius, in welchem er meldete, „er wisse, daß er am folgenden Tage werde angegriffen werden, daß es heiß zu gehn werde, und Morgen Abends, setzte er hinzu, sollt ihr weitere Nachricht haben." – Dieß bewußt die obige Bemerkung in dem Schreiben aus dem Haag, daß die Resultate des Kriegsraths, und die Befehle an die Commandanten bey der alliirten Armee öfters eher den Feinden, als ihnen bekannt waren. Zu solchen Ausgaben, zu Bezahlungen der Verräthereyen sparte der Wohlfarts-Ausschuß kein Geld. Es kostete ihm ungeheure Summen. Es mußten deshalb wieder im Junius 1,200 Millionen neue Assignaten gemacht werden, wozu der Convent das Decret, nach dem Willem des Wohlfarts-Ausschußes, geben mußte.

Die wüthende Tyranney der Hinrichtungen wuchs mit jedem
Tage. Es ist nicht möglich davon eine hinlängliche Beschreibung zu geben. Die öffentlichen Pariser Blätter waren in dem verfloßnen Monate
fast nichts als Todten-Listen der Hingerichteten. Jeder Mensch zitterte
für sein Leben. Die Zahlen der geschlachteten Menschen sind unsäg-
lich. Die geringste Zahl eines Tages waren 15 abgeschlagne Köpfe. In
der Woche bis zum 20 <749> Junius wurden 217 Menschen hingerichtet. Vom 22 bis 25sten Junius wurden 151 Menschenköpfe abgeschlagen. In den folgenden 5 Tagen 194, in den ersten 4 Tagen des Julius
119; und so immer fort. Dabey verminderte sich der Etat der Gefängniße nicht. Er wurde immer stärker. Er war in der ersten Woche des
Julius gegen achttausend, nach der öffentlich bekannt gemachten Liste.
Die wirkliche Zahl der Gefangnen war doppelt so groß. Das Revolutions-Tribunal bestand aus vielen Kammern, und zusammen aus 71
Blutrichtern, die alle, welche vor sie gebracht wurden, zum Tode ver-
dammten.

Unter den Hingerichteten bemerken wir nur, den Herzog und
Marschall von Mouchy, nebst seiner 66jährigen Gemahlin, den bekannten Schriftsteller Linguet, welcher als Advocat in Paris, und als
Annalist in Brüssel, eine Zeitlang großes Aufsehn machte, bey der Revolution aber sich still und unthätig verhalten hatte, den bekannten
Victor Broglie, Sohn des Herzogs und Marschalle von Broglie, ehmals
ausgezeichnetes Mitglied der erste National-Versamlung, die als Mitglieder des Convents durch ihren Grimm bey der Verurtheilung Ludwigs des XVI. ebenfalls hervorstechenden Barbaroux, Salles, und Guadet, welche ohnweit Bordeaux gefangen, und in letzter Stadt hingerichtet wurden. Unter den zahlreichen übrigen Schlachtopfern waren
Leute aus allen Ständen, besonders viele Parlamentsräthe, und begü-
terte; aber auch Schuster, Schneider, andere Handwerker, junge und
alte Frauenzimmer. Alle wurden wegen angeblicher Theilnahme
durch Handlungen oder Reden an Absichten gegen die jetzige Unver-
faßung, getödtet.

Die Menge der Getödteten erforderte wiederum einen neue
Platz zu Begräbnissen. Es wurde ein neues weites Terrain dazu bestimmt. – Am Ende des Junius wurde der Richtplatz verändert. Man

ließ die Guillotine von dem Revolutionsplatze, wo sie bisher gestanden, wegnehmen, und ganz am Ende der Vorstadt St. Antoine, bey der dasigen Barriere aufrichten. Die Ursachen wurden verschieden <750> angegeben. Nach einigen Berichten, weil das Volk in Paris selbst anfieng zu murren, und Robespierre einen Tumult befürchtete. Nach andern Nachrichten, weil in der Vorstadt Antoine sich tumultuarische Bewegungen äußerten, die man durch das tägliche Schrecken der Köpf-Maschine hemmen wollte.

Diese täglichen Hinwegräumungen von Menschen, von denen die meisten begütert waren, haben denn in dem langen Zeitraume hindurch, den sie schon gedauert haben, eine solche Lücke gemacht, daß Cambon am 2ten Julius im Convente mit ruhmvoller Freude ankündigen konnte, „daß die Schwierigkeiten, welche sich bey der vorigen Regierung in Absicht der Schuldenlast gefunden hätten, weggeräumt wären, und daß die 271,000 Gläubiger des Staats, durch die Austilgung aller Emigrirten, und aller derer, die durch das Schwerdt des Gesetzes gefallen wären, nun schon bis 90,000 gemindert wären, und daß also nun die Schuld des Staats anstatt der ehmaligen sechstausendmal Millionen, bis auf zweytausend 200 Millionen herabgebracht wäre." – Das ist eine bis jetzt ganz neue, nur von Freyheit und Gleichheit erfindbar gewesene Staats-Oeconomie. Die Köpf-Maschine, und die Confiscationen, und der wüthend geführte Krieg sind zu ganz neuen Staats-Reßourcen für die Finanzen gemacht worden. Und gleichwohl mußten, wie schon oben erwähnt worden, wieder für zwölfhundert Millionen neue Assignaten gemacht werden.

Im Convente ist, außer den schon bemerkten Großpralereyen des Barrere, von dem glücklichen Fortgange der Waffen der Republik, und den vorstehenden, nichts für Ausländer besonders merkwürdiges vorgegangen. Aber die Feindschaft der Parthey des Bourdon de l'Oise, und Tallien, nebst ihren Anhängern, gegen Robespierre und seine Minister, die Mitglieder des Wohlfarts-Ausschußes, wovon wir schon im vorigen Monate, S. 680, erzehlt haben, ist ein Feuer, das unter der Asche glimt. Der Streit erhob sich eigentlich darüber, daß Tallien sein Mißvergnügen über die vermehrten Blut-Tribunale, und <751> deren Blutrichter äußerte, und verlangte daß wenigstens kein Convents-

Mitglied, ohne förmliche Anklage des Convents selbst, den Revolutions-Tribunalen übergeben werden sollte, welches Robespierre und seine Anhänger nicht zulassen wollten.

Indessen haben die Glücksfälle der Armee in den Niederlanden dem Robespierre, und dem Wohlfartsausschuße den Rücken gedeckt, und die ihm widrige Parthey durfte unter solchen Umständen nichts wichtiges gegen ihn wagen. Er hatte sich auch auf eine listige Weise eine neue Prätorianische Garde von lauter jungen Leuten angeschaft. Es mußten nämlich aus allen Departements junge Leute, alle aber in dem Alter von 16 bis 18 Jahren, nach Paris geschickt werden. Dort wurden sie in der Ebene von Sablons in einem Lager zusammen gehalten, und bekamen Unterricht im Kriegswesen, wobey sie täglich in Waffen geübt wurden, und Bildung und Unterricht in den Grundsätzen der Revolution. Diejenigen, die die Lehrer nicht ihrer Lehren empfänglich genug fanden, wurden weggeschickt, die andern zu tüchtigen Revolutions-Helden, und Schwerdtträgern Robespierres gebildet, auf die sich der Despot verlassen konnte. Am sechsten Julius waren 1,800 solcher Trabanten des Robespierre schon in voller Kraft.

Aller dieser argen Mittel ohnerachtet, machten sich doch Bourdon und Tallien einen Anhang, und ihre Faction bedrohte die des Robespierre so sehr, daß letzterer im Jacobiner-Clubbe sich über die Faction beklagte, welche die Autorität des Wohlfartsausschußes untergraben, und seine Absichten verdächtig machen wolle. Er meynte, man müsse mit desto mehr Strenge gegen diese Faction verfahren, durch welche sonst eine Contre-Revolution vorbereitet würde.

Gewiß ist es, daß die Erbittrung, und das verzweiflungsvollste Mißvergnügen über Robespierres Despotie, in Paris, und in ganz Frankreich in allen Herzen, wallte, und daß nur ein günstiger Umstand sich ereignen durfte, um die kochende Gährung zur Explosion zu bringen. Der General-Commandeur von Paris, der berüchtigte <752> Henriot, fand es sogar für nöthig, in seiner General-Ordre am 8ten Julius, seine Waffenbrüder einzuladen, sich mit Piken, und Säbeln zu versehen; weil in dem gegenwärtigen Augenblicke die Aristokratie ihre freyheitstödtenden Bemühungen, und Anschläge verdoppele.

Fast alle Berichte, die man durch Deserteure, und andere aus Frankreich entkommene Personen in den Niederlanden, und im Reiche erhielt, kamen überein, daß in Paris, und besonders in den innern Provinzen in Frankreich, viele Bewegungen der Unzufriedenheit, und des nun laut gewordnen Murrens sich äußerten, und fast Jedermann nach einer günstigen Veranlassung zum Ausbruche sich sehne.

Aus Paris selbst kann man anjetzt keine getreue aufrichtige Nachrichten haben. Jedermann muß die Guillotine befürchten, wenn er etwas meldet, was Robespierre und seinen Ministern zuwider wäre, und alle in Paris erscheinende öffentliche Blätter standen unter strenger Censur des *Prieur de la Marne*, eines Ministers, eines Mitglieds des Wohlfarts-Ausschußes. – So regierte die Freyheit.

Französischer Krieg

Stück 7, # 13, Seite 778 ff

[…]

Am Rheine unternahmen weder die Preußische, noch die Kaiserliche Armee etwas gegen die damals schwachen Franzosen. Diese verstärkten sich indessen bey der Ruhe die man ihnen ließ, durch das zweyte Aufgebot aller jungen Mannschaft, und als sie wieder über 100,000 Mann stark waren, fiengen sie ihre gewöhnliche Kriegsart an, durch immer wiederholte Angriffe, wobey auf den Menschenverlust nicht gerechnet wird, die Preußen und Oesterreicher zu ermüden, und sodann einen allgemeinen Angriff zu machen, wo kein Rückzug gestattet wird, indem hinter den Französischen Linien Kanonen gepflanzt sind, so daß die Zurückweichenden von ihren eignen Kanonen niedergeschossen werden. Durch solch mördrisches verzweiflungsvolles Mittel dringen sie denn gewöhnlich durch, obgleich mit unendlichem Menschenverluste.

Am 2ten und 3ten Julius machten die Franzosen den ersten blos ermüdenden Angriff gegen die ganze Posten-Kette der Preußen von Neustadt bis Speier hin. Sie attaquirten in 3 Colonnen, jede bis 20,000 Mann stark, und mit vieler Artillerie versehen, wurden aber sowohl von den Oesterreichern, denen ein Corps Preussen zu Hülfe kam, als von den Preußen bey Trippstadt und hinter Zweybrücken bey Bann, mit einem ansehnlichen Verluste zurückgeschlagen. Ueber 600 Franzosen blieben auf dem Platze, 200 wurden gefangen genommen, und 2 Kanonen erobert.

Nach diesem Treffen hielten die Franzosen sich einige Zeit ruhig, aber am 12ten und 13ten Julius kamen sie mit gestärkter Macht wieder heran, und griffen am gedachten ersten Tage alle Positionen der Preußen, unk Kaiserlichen Truppen heftig an, wurden aber zurückgeschlagen. <779>

Am zweyten Tage, den 13ten Julius, erneuerte sie die Angriffe mit solcher Heftigkeit und Wuth, daß sie achtmal Sturm liefen, und immer zurück geworfen wurden, aber beym neunten Sturme sahen sich die ganz ermüdeten Preußen {indem die Franzosen immer mit frisch ankommenden Truppen die Angriffe wiederholten} bey Edighofen, und Ebesheim genöthigt, zurück zu ziehen. Auch bey Lautern mußten die Preußen weichen, und ebenfalls die Kaiserlichen bey Speier. Die Franzosen rückten hierauf wieder gegen Speier vor, und man erwartete neue blutige Auftritte, indem die Preussen sowohl, als die Kaiserlichen sich wieder gegen den Rhein hin zurück zogen. Die nähern Nachrichten werden wir hoffentlich noch, unten, in dem allgemeinen Kriegsbericht geben können.

Frankreich

Stück 7, # 14, Seite 793 f

Fortdauernde Todten-Listen hingerichteter Personen, und sorgfältige Unterhaltung der Volksschwärmerey durch allerhand patriotische Feste waren bis zum 14ten Julius die vornehmsten Merkwürdigkeiten von Paris. Der Mangel an Menschen in dem unglücklichen Frankreich war nun schon so groß geworden, daß der Convent ein Decret gab, die Gefangnen <794> in den Provinzen, welche zur Arbeit bey der Erndte gebraucht werden könnten, einstweilen loszulassen, damit die nothwendigsten Arbeiten bestritten werden könnten. Solche evidente Beweise des Volksmangels zeigen an, wie wenig es Frankreich möglich seyn wird, den jetzigen Krieg mit so zahlreichen Heeren lange fortzusetzen. – In den drey Tagen bis zum 14ten Julius waren 173 Personen hingerichtet worden. Der Sicherheits-Ausschuß und der Wohlfahrts-Ausschuß wetteiferten in Menschen-Lieferungen an die Köpfmaschine. Aber, diese beyden Ausschüße waren unter einander selbst uneins geworden, und im Wohlfartsausschuße formirte sich auch, sowie im Convente , eine Gegen-Parthey von Robespierre und die im obigen Artikel von Frankreich bemerkten Zwistigkeiten dauerten fort. Höchstmerkwürdig ist es, daß in einem am 8ten Julius dem Convente überlieferten allegorischen Gemälde, auf welchem der Convent als ein Berg, und der Wohlfarts-Ausschuß als die Sonne, die den Berg bestrahlt, vorgestellt war, aus einem der Sonnenstralen eine Krone angebracht war, und daß dieses Gemälde mit der Krone in dem republicanischen Convente, dem grimmigen Feinde aller Kronen, ausgestellt wurde. Robespierre ist ein Strahl der Sonne des Wohlfarts-Ausschußes.

August 1794

Robespierres Ende. Genaue und zuverläßig-umständliche Geschichte der neuen Revolution in Frankreich

Stück 8, # 04, Seite 839 ff

Seit Jahrhunderten war nie eine Freude in allen cultivirten Welttheilen allgemeiner, in ihren Ursachen gerechter, in Empfindungen der Menschlichkeit trostreicher, als diejenige war, welche der Sturz jenes Ungeheuers in Paris erweckte, jenes Ungeheuers, welches am 17sten Julius mit seinem Throne von Menschen-Schädeln einsank,

<840> und am folgenden Tage mit seinem unreinen Blute das in unendlicher Menge durch ihn vergoßne Menschenblut überdeckte.

Er stürzte endlich – Robespierre – ein Mann, der in den Annalen des Menschengeschlechts alle Catilina, Caligula, und Neronen vergeßen macht – ein Wesen in welchem die Natur schien zeigen zu wollen, was alle Generationen nicht gesehen hatten, was keine Einbildungskraft sich jemals dachte.

Wir bitten unsre Leser sich an dasjenige zu erinnern, was wir schon im vorigen Monate, S. 750 und 751 von Tallien, und der sich formirenden Gegenparthey des Robespierre gesagt haben. Was wir dort ankündigten, geschahe schon in eben den Tagen, in welchen unsre Schrift ins Publicum gieng. Die Explosion der kochenden Gährung erfolgte mit einer Stärke, die den Despoten in Staub stieß. Er fiel in sein eigen Beil. Er ist nicht mehr. Nur sein Name ist ein ewig blutiger Fleck in dem menschlichen Geschlechte.

Bereits im Anfange des Julius bemerkte Robespierre, daß die von Tallien angeführte, und aufgehetzte Gegenparthey ihm gefährlich werden könnte. Er hielt sich an die, durch die er regierte, vornehmlich an die Jacobiner. Er hielt in ihrer Sitzung am 16 Julius eine lange Rede, in welcher er sich beklagte, daß das Revolutions-Tribunal diejenigen Personen, die auf den Straßen zusammen gegeßen, und zu lustig gewesen wären, hätte arretiren lassen, da dasselbe doch nur zur Verfolgung der Aristokraten bestimmt sey, daß der Wohlfarts-Ausschuß noch zu gelinde gegen die Verbrechen sey, daß man noch weit von dem Ende, und einem Erfolge der Revolution entfernt sey, daß die gegenwärtige Revolutions-Regierung nicht gut organisirt sey, und daß sie durch Factionen in ihren Operationen gehindert werde. Dadurch wollte er zu seinen neuen Projekten sich den Weg bahnen, aber seine Rede war so übel zusammenhängend, so schwach, und selbst seine Sprache so stammelnd, daß man ihm die Bangigkeit, und die Furcht, <841> in welcher er sich befand, deutlich anmerkte. Die Jacobiner nahmen zwar seinen Discours mit Beyfall auf, und versicherten sogar, ihm gegen seine Feinde beyzustehen. Aber er wurde doch dadurch wenig beruhigt, und sein Bruder machte selbst den Jacobinern Vorwürfe, daß sie sich in dem gegenwärtigen Zeitpunkte nicht thätig genug bezeigten. Durch öfters von seinen Anhängern wiederholte Ermahnungen, und Klagen über eine Verschwörung, auch durch andre geheime Mittel, wurden endlich die Jacobiner dahin gebracht, daß sie sich öffentlich für ihn erklärten. Am 25 Julius erschien eine zahlreiche Deputation des Jacobiner-Clubs vor dem Convente, und bezeigte die Beunruhigung aller Jacobiner über die neue Faction des Auslandes, wie sie sie nannten, um die Revolutions-Regierung zu vernichten, die reinsten Patrioten zu verleumden, und unter sich zu trennen, besonders aber auch die Religion Robespierres, von dem Daseyn eines höchsten Wesens, welche der Convent durch ein Decret anerkannt, verächtlich zu machen. Der Convent nahm, wie gewöhnlich, diese Jacobiner- Deputation mit Beyfall auf. Sie gieng unter dem stärksten Applaudiren aus dem Convents-Saale.

Aber von dem Augenblicke an verstärkten und beschleunigten beyde Partheyen ihre Maasregeln und Unternehmungen gegen einander. Im Wohlfarts-Ausschuße selbst war die Gegenparthey des Robespierre stärker als die seinige; denn Barrere, sein bisheriges Kriegs-Organ, war abgesprungen, und der vornehmste seiner Feinde geworden. Robespierre, der sich in der Minorität im Ausschuße befand, und wenig mehr durchsetzen konnte, kam daher in dem Monate Julius fast gar nicht mehr in den Wohlfarts-Ausschuß, und auch nur selten in den Convent. Er schmiedete nun seine Projekte in einer stillen Zurückgezogenheit, wie er, bey allen seinen sonstigen Planen seit Anfange der Revolution, gethan hatte.

Collot d'Herbois, einer seiner bittersten Feinde, war auf die gewöhnliche Zeit von 14 Tagen Präsident des Convents geworden. Binnen dieser Zeit mußte <842> Robespierre entweder seine Gegenparthey stürzen, oder er wurde selbst gestürzt. Barrere harte schon am 25sten Julius, nachdem die Jacobiner-Deputation mit Beyfalls-Klatschen war entlassen worden, eine Rede gehalten, in welcher er den Zustand der Republik als ganz vortreflich vorstellte, und sich über die Leute {Robespierre und seinen Anhang} beklagte, welche die jetzige Revolutions-Regierung für übel organisirt, und nicht hinreichend zum

Wohle der Republik anzugeben pflegten. Besonders beschwerte er sich, daß gewisse Bösewichter auf den öffentlichen Straßen riefen, man müße wieder einen 31 Mai haben: {an welchem Tage 1793 bekanntlich Robespierre die Parthey des Brißots, der sogenannten Girondisten, stürzte.}

Die unruhigen Bewegungen unter dem Volke in Paris, welche seit dem 20sten Julius anfiengen, und am 22sten, 23sten und 24sten stärker wurden, entstanden nicht von einer Gegenparthey Robespierres, wie die Zeitungen angeben, sondern von seinen Anhängern und Besoldeten im Volke, und sollten ihm einen abermaligen Sieg, und den Sturz seiner Gegner vorbereiten. Daher hörte man am 23 und 24 Julius auf den Straßen, und besonders in der Gegend der Convents-Versammlung theils von einzelnen Stimmen, theils von ganzen Gruppen, es muß wieder ein 31ster Mai gemacht werden. Daher waren öffentliche Gastmale auf den Straßen von Robespierres Anhängern veranstaltet, zu welchen die vorbeygehenden vom Volke brüderlich eingeladen wurden, und wobey man denn Zettel ausstreute, und herumtheilte, auf welchen die erste Constitution von 1791 empfohlen wurde. Henriot, der Freund Robespierres, und General-Commandeur der Pariser National-Garde, rühmte und begünstigte diese absichtlichen Straßen-Schmause: Barrere aber klagte darüber im Convente, und gab sie {ganz richtig} als Vorbereitungen zu einer Contre-Revolution an.

Robespierre hatte einen sehr großen Theil des Volks von den niedrigen Klaßen, fast alle Sansculotten, zu <843> seinen geheimen Anhängern, und ließ die meisten davon insgeheim mit Geld versehen. Diese niedrigen Klaßen waren auch {einige widrig gesinnte ausgenommen} für die Guillotine sicher. Er hatte die Municipalität, die Stadt-Obrigkeit, auf seiner Seite. Der Präsident des Revolutions-Tribunals, des Blutgerichts, und die Mehrheit der 71 Beysitzer waren ihm gänzlich ergeben, und seinen Mord-Winken gehorsam. Der General-Commandant der National-Garde, Henriot, war sein Vertrauter. Die Jacobiner waren durch eine überwiegende Stimmen-Mehrheit seine starke Unterstützung. Die Zöglinge der Mars-Schule waren schon zu seinen

Leib-Trabanten abgerichtet, wie wir bereits im vorigen Monate anzeigten.

Mit solchen Ausrüstungen und gewalttätigen Mitteln, glaubte sich sein kühner, hartnäckiger Geist zu allem fähig, und stark genug. Sein großer Plan war seinen großen Vorbereitungen angemessen. Seine siegenden Feinde haben, nach seiner Hinrichtung, behauptet, er hatte sich wollen zum Könige ausrufen lassen, und zwar zuerst zu Lyon, habe eine Monarchie einführen, und für diesen Preis mit den coalisirten Mächten einen Frieden machen wollen. Die erste Beschuldigung ist mehr als unwahrscheinlich: sie gränzt ans Ungereimte, wenn man alle Umstände unpartheyisch und richtig erwägt. Aber mehr als wahrscheinlich, fast gewiß ist es, daß Robespierre eine neue Art von Monarchie errichten wollte, wovon er unter dem Titel eines Regenten oder vielmehr Dictators, der Chef seyn, und der minorenne Prinz, Ludwigs des XVI., der Namen-König seyn sollte, wobey man sogar den Namen Republik, wie in Polen, beybehalten konnte. Zur Ausführung dieses Zweckes, nach einem geglückten Schlage in Paris, sollte sein Bruder nach dem südlichen Frankreich, St. Just nach dem nördlichen, Couthon nach dem westlichen, gehen, und Maximilian Robespierre selbst wollte in Paris die neuer Plane durchsetzen. Daß er mit St. Just und Couthon die Oberherrschaft habe theilen und ein Triumvirat errichten wollen, ist bloßes Vorgeben seiner Feinde. Er <844> wollte sicherlich allein herrschen, aber seine Bevollmächtigten hätten unter ihm, übrigens nach selbstgefälliger Despotie die ihnen zuerkannten Theile Frankreichs in seinem Zaume gehalten.

Es gehörte mit zu seinem Plane, um seine Herrschaft auch von auswärts her zu befestigen, daß er mit den coalisirten Mächten Friede machen wollte. Gegen die Anerkennung der Monarchie nach seinem Plane, hätte er jede andere gegenseitige Friedensbedingungen zugestanden. Daher waren ihm die Fortschritte des Glücks bey den Armeen insgeheim nicht angenehm. Daher tadelte er die Freude des Volks über die Siege, deren Wichtigkeit man übertreibe, und das Volk dadurch hintergehe. Daher ließ er in Paris, und in Frankreich allenthalben durch seine geheime Agenten Wünsche nach einem Frieden verbreiten, und die Lasten des Kriegs so drückend als möglich machen. In Paris unterstanden sich schon am 21sten Julius einige kühne Menschen, unter den Augen der Schildwachen, die Blasebälge von 5 Feldschmieden zu durchstechen, und andere versuchten es, die Waßerbehälter des Arsenals zu zerstören. Höchstmerkwürdig ist es dabey, daß in der Mitte des Julius eine französische Patrouille, die auf eine von den Emigrirten vom Corps des Prinzen von Condé stieß, zurückeilte, und den Emigrirten zurief: „Geduld, noch 14 Tage, und dann komt ihr nach Frankreich zurück, aber ohne Priester," da bekanntlich Robespierres Religion keine Priester zuläßt. Die dumpfen, herumgehenden Friedensgerüchte in der nämlichen Zeit hatten auf jene Plane Bezug, und würden von den Eingeweihten in den Geheimnissen, vorbereitungsweise, verbreitet.

Die Friedenswünsche wurden in Paris so laut, daß Barrere öfters öffentlich dagegen declamirte:

> Man sagt, betrogne Bürger, sprach er, der Krieg werde bald zu Ende seyn. Nur Aristokraten können eine solche Meynung hegen, und verbreiten, die sich schmeicheln, wir werden mit den Feinden Friede machen. Ihr habt keinesweges nöthig, ihn zu erbitten, oder ihn selbst zu machen. Nein! <845> er wird sich triumphirend aus dem Grabe aller Feinde des Reichs erheben. Nur um diesen Preis allein könnt ihr Friede bekommen. Wahrhaftig, ihr werdet seine Süßigkeiten nicht eher schmecken, bis ihr alle Freunde des Friedens unter die Erde gebracht habt.

Diese Rede des Barrere zeigt, daß man von der neuen herrschenden Faction keinen Frieden, ohne völlige Ueberwindung, oder erst nach dem, sehr wahrscheinlichen, Sturze auch dieser neuen Faction, zu erwarten habe.

Unterdessen ließ Robespierre in jenen seinen letzten Tagen die Hinrichtungen aller derjenigen, die er für gefährlich für sich hielt, oder denen er nicht traute, verdoppeln. Deswegen wurden auch viele republicanisch-gesinnte, die ihm zu republicanisch waren, aus dem Wegs geräumt. Er setzte alle Abende auf die ihm überbrachte Liste derjenigen, die am folgenden Tage hingerichtet werden sollten, sein

Siegel, und fügte auch noch andere Namen von Schlachtopfern bey. In den Gefängnißen selbst waren viele, die nur zum Scheine gefangen gesetzt waren, die die Gesinnungen und Meinungen der andern Gefangnen aushorchen mußten, und nach deren Berichten wurden dann alle diejenigen der Guillotine überliefert, welche nicht günstig von Robespierre dachten. So wurden am 23sten Julius 74 Personen hingerichtet, unter denen viele Adliche waren, am 24 und 25sten 91, worunter der regierende Fürst von Salm-Kyrburg, zwey Grafen von Vergennes, der General Beauharnois u.s.w. In den letzten 3 Tagen bis zum 27sten Julius wurden 135 Personen durch die Guillotine getödtet.

Nun brachen die Tage an, in welchen die entscheidende Epoche kam. Beyde Partheyen hatten ihre Spione: Robespierre einen bey jedem Convents-Deputirten: Tallien hingegen auch so gute Spione, daß er selbst nachher am 27 Julius den Mann nennen konnte, der der von Robespierre bey ihm angestellt gewesene Spion gewesen war. Tallien wußte, daß der 27ste und 28ste Julius zur Ausführung des Robespierrschen Complotts <846> bestimmt war, wie er nachher selbst sagte: er eilte also sein Complott auszuführen, und kam Robespierren glücklich zuvor, wie dieser sonst immer seinen Gegnern, der Brissotschen, und der Dantonschen Parthey, zuvorgekommen war.

Nach dem Robespierrschen Plane sollte eine Rede von ihm im Convente am 26sten Julius die Sachen vorbereiten, am 27sten sollten St. Just und Couthon, seine intimen Freunde, ebenfalls durch Reden im Convent alles zur Reife bringen, und im Nothfalle schon in der Nacht drauf, sicherlich aber am 28 Julius, sollte die ganze Maschine springen. Dieser 28ste Julius war schon vorher zu einem republicanischen Feste bestimt: man wollte die Urnen zweyer Knaben, die ihr Leben im Streite verloren hatten, in Proceßion nach dem Pantheon bringen. Da sollten die Zöglinge des Mars {die unsre Leser kennen} mit 15 Kanonen dabey seyn, mit diesen 15 Kanonen gegen den Convent anrücken, und so das Zeichen zu der Verhaftnehmung der Feinde Robespierres geben, auch auf Befehl Gewalt brauchen. Der General-Commandant Henriot hatte deßhalb besondre Ordres.

Am 26sten Julius erschien wirklich Robespierre im Convente, und hielt eine Rede, in welcher er sich gegen die Verleumdungen, die man seiner Tugend machte, verteidigen wollte.

> Ist es wahr, rief er, daß man Schrecken verbreitet, und die Repräsentanten des Volks damit so erfüllt hat, daß einige nicht des Nachts in ihren Wohnungen schlafen? Ist es wahr, daß man mich beschuldigt, ich wolle auf den blutigen Ruinen des Convents zur Diktatur empor steigen? Das Wort Diktator muß doch sehr magische Kräfte haben, welchen schrecklichen Gebrauch machen unsre Feinde von einem Worte, das doch zu Rom nichts weiter, als ein öffentliches Staats-Amt anzeigte {qui ne designoit à Rome, qu'une fonction publique}. Man steigt zur Tyranney durch Hülfe von Bösewichtern, aber wo trachtet derjenige hin, der die Bösewichter bekämpft?– ich bin über die akademische Leichtsinnigkeit erstaunt, mit welcher <847> man {Barrere} von unsern Siegen spricht, als wenn sie uns nichts kosteten. – Die Ausschüße sind freylich die Stützen der Freyheit, aber die Mehrheit derselben ist verderbt, man verstellt sich, man heuchelt, man macht Verschwörungen.

Robespierre versicherte, daß ihn nur seine Feinde verläumdeten, und daß er nur dem Vaterlande diene.

Auf diese Rede folgten heftige Debatten besonders wegen der Vorwürfe, die den Ausschüßen gemacht worden waren. Aber Robespierre drang dießmal doch noch durch, daß durch ein Decret beschlossen wurde, seine Rede drucken zu lassen, und zu versenden. – Dieß war sein letzter Sieg. Vielleicht wollten ihn seine Feinde dadurch nur sicher machen. Er gieng denselben Abend noch in den Jacobiner-Klub und wiederholte seine Rede, die in dem Klubbe den stärksten Beyfall erhielt.

Am folgenden Tage waren schon von Robespierre alle Anstalten getroffen, um den Gegnern im Convente ihr Spiel zu verderben, und im erfoderlichen Falle Gewalt zu gebrauchen. Seine Getreuen hatten schon geheime Ordres; sogar in allen Gefängnissen waren Befehle gegeben, an diesem Tage keine Arretieren anzunehmen, wenn nicht ein Karte von der Municipalität mitkäme. Er muß sich also schon selbst gefürchtet haben. Die Municipalität versammelte sich auch, und Henriot war bey der Hand. Doch sollte an jenem Tage noch nichts unternommen werden, außer im höchsten Nothfalle.

Dieß letztere wußten und benutzten Robespierres Feinde. Als an diesem Tage, den 27sten Julius, nach einigen inländischen Petitions-Geschäften der Freund Robespierres, St. Just, auftrat, und im Tone der gestrigen Rede Robespierres sprechen, und den üblen Zustand der Revolutions-Regierung, wie sie jetzt beschaffen wäre, vorstellen wollte, so unterbrach ihn Tallien: „Gestern, sagte er, fieng man an, die Regierung anzugreifen; heute trägt ein andres Mitglied dieselbigen Grundsätze vor. St. Just vergrößert die Uebel, um neue Uebel <848> herbeyzubringen, und den Convent in Unruhe zu bringen. Kein Mensch kann mehr die Thränen zurückhalten, wenn er das jetzige Unglück seines Vaterlandes erwägt." Indem er so sprach, traten die andern Freunde Talliens eben in den Saal. Sogleich ergrif Billaud de Varennes das Wort, und sagte: der Augenblick die Wahrheit zu sagen, ist gekommen. Wenn die Auschüße sich Vorwürfe zu machen haben, so ist es, daß sie einige Zeit her die Stimme ihres Gewissens haben unterdrücken müssen. Der Convent ist an einer Mörder-Grube, aber er wird nicht umkommen. Er erklärte darauf, daß es äußerst gefährlich wäre, die militärische Gewalt in den Händen eines Mörders, wie Henriot wäre, zu lassen; und Robespierre, sagte er, ist allein seine Stütze.

Darauf klagte Vadier Robespierre selbst als einen Tyrannen an. Man applaudirte. Robespierre eilte auf die Rednerbühne und wollte sich vertheidigen. Da aber rief zuerst Cambon: „Herab mit dem Cromvel." Darauf erschollen von allen Seiten die Stimmen: Herab mit dem Könige, herab mit dem Tyrannen. Robespierre mußte schweigen. Nun fieng Tallien von neuen an zu peroriren. Er heftete seine Augen mit feurigen Blicken auf die Bildsäule des Brutus, rief mit pathetischer Stimme dessen Schatten an, die Freyheit zu rächen an den Tyrannen, und sagte, daß er, wie Brutus, mit einem Dolche bewafnet sey, um den Tyrannen zu durchbohren, wenn der Convent ihn nicht verdammen wollte. Die Action bey diesen Reden des Tallien[19] wirkte einen tumultuarischen Enthusiasmus; <849> von allen Seiten rief man mit großem Lärmen Beyfall zu, und applaudirte mit einem so allgemeinen heftigen Klatschen, daß es wie Donnerschläge den sonst so starren Geist des kühnen Robespierre niederriß. Vergeblich versuchte er noch zweymal, zum Worte zu kommen; man erstickte seine Stimme mit dem Geschreye des heftigen Unwillens, und mit solcher Unruhe, daß der Präsident durch zweymaliges Bedecken mit dem Hute das gebietende Zeichen der Ruhe und Ordnung geben mußte. Vadier gab viele Details von der Tyranney des Robespierre, unter beständigen Beyfalls-Klatschen an. Nach ihm redeten noch, wiederum Tallien, Billaud Le Varennes, Bourdon de l'Oise, Freron, Elie Lacoste, Cambon, Barrere, – welcher eine Proklamation an das Französische Volk vorschlug, die auch sogleich, so wie er sie aufgesetzt hatte, zur Versendung decretirt wurde, in welcher das Volk ermahnt wurde, an der Vertilgung der Tyranney Antheil zu nehmen, – Delmas und andere mehrere. Nach den Vorschlägen des Billaud und Delmas wurden die Arretirungen des Henriot, und des ganzen Generalstabs beschlossen, und darauf auch decretirt, daß Robespierre, sein Bruder, St. Just, Couthon, Lebas, der Geschworne Nicolas, und verschiedne andere Personen arretirt werden sollten.

Der Präsident des Convents gab dem Gerichtsdiener Befehl, sich Robespierres zu bemächtigen. Der Gerichtsdiener näherte sich ihm, trat aber auf einen Blick von Robespierre gleich wieder zurück. Der Präsident mußte den Befehl zum zweyten, zum dritten male

---

[19] »Tallien war vor der Revolution Schauspieler zu Paris. Collot d'Herbois, der Präsident des Convents, war auch Schauspieler, aber ein so schlechter, daß er in Paris nicht auftreten durfte, sondern auf den Theatern in den Provinzen spielte. Tallien war eine Zeitlang Commissair des Convents nebst Isabeau, zu Bordeaux. Letzterer war ein Freund Robespierres; Tallien niemals. Und die Befehle Robespierres entrüsteten ihn zu Bordeaux dergestalt, daß er sich vom Convente zurückberufen ließ. Bey seiner Abreise von Bordeaux sagte er zu einem Manne, der damals zu Bordeaux war, aus dessen Munde der Verfaßer dieses Aufsatzes es selbst gehört hat, er, Tallien, habe sich blos deswegen zurück berufen lassen, um Robespierre in Paris zu stürzen, und, setzte er hinzu, ich werde nicht eher ruhen, bis ich Robespierres Kopf auf die Guillotine bringe oder den meinigen dahin trage.«

wiederholen, ehe der Gerichtsdiener Robespierren wirklich arretirte, <850> entweder war es eingeprägte gewohnte Furcht, oder, welches wahrscheinlicher ist, geheime Anhänglichkeit des Gerichtsdieners.

Als endlich Robespierre nebst St. Just und Couthon und le Bas, aus der Versamlung des Convents geführt werden, wollte Robespierre noch einmal reden. Seine Stimme wurde aber durch das Geschrey des Unwillens erstickt, man hörte nur, daß er die Convents-Deputirten Mörder nannte, mit Blicken voller Wuth um sich her sahe, und rief, ich verlange den Tod. Couthon wollte nicht weg, und mußte mit Gewalt fortgeschleppt werden. – Nun wünschte der Präsident dem Volke Glück, daß das Vaterland gerettet sey, und der ganz Convent applaudirte mit Jubelgeschrey. –

Es war Abends gegen 6 Uhr. Der Convent erklärte seine Sitzung für fortdauernd, machte aber zur Erholung eine Pause bis 7 Uhr, da er sich wieder versammelte, und die ganze Nacht hindurch beysammen blieb.

Robespierre wurde nicht nach dem für ihn bestimten Arrest-Orte, sondern nach den Gefängniß-Zimmern im Pallaste Luxemburg gebracht. Hier weigerte man sich ihn anzunehmen, weil keine Karte von der Municipalität dabey wäre {nach der oben angeführten Ordre für diese Tag}. Er wurde also auf sein Verlangen nach dem Stadthause gebracht, die andern Gefangnen aber nach dem Sicherheits-Ausschuße.

Unterdessen war es in Paris zu einer großen Bewegung und die ganze Stadt in Tumult gekommen. Henriot, der General-Commandant der Pariser National-Garde, sprengte im Galoppe durch die Straßen, und versammelte einen Haufen Volks um sich, und schrie, man wolle die besten Patrioten umbringen, der niederträchtige Convent müsse zur Ordnung gebracht werden. Die Munizipalität hatte sich versammelt, die Distrikte der Stadt hielten Berathschlagungen, die Jakobiner hielte eine Klubs-Versamlung. Diese offenbare Widersetzlichkeiten gegen die Autorität des Convents nöthigten ihn zu den lebhaften Maasregeln. Es wurden allenthalben hin <851> Mitglieder des Convents geschickt, Merlin von Thionville kam zurück, und meldete, daß

Henriot 40 Gendarmen ihn angegriffen, gefangen genommen und nach dem *Corps de Garde* habe bringen lassen, wo aber auf sein Zureden die Garde die Autorität des Convents anerkannt, und ihn freygelassen habe.

Die Municipalität erklärte sich für Robespierren, und in Insurrectionsstand gegen den Convent. Sie schickte eine Deputation an den Jacobiner-Klub, welcher der Municipalität beytrat, und brüderlich beyzustehen versprach, auch seine Sitzung für fortdauernd erklärte. Darauf ließ die Municipalität die Sturmglocken läuten, und beschloß gegen den Convent zu marschiren. Allem die mehrsten Distrikte der Stadt erklärten sich für den Convent, gegen den Magistrat, und so sammelten die ausgeschickten Convents-Deputirten in einigen Stunden eine bewafnete Macht von mehr als 6,000 Mann. Die Gensdarmen, fast die ganze National-Garde stand dem Convente bey.

Ein gewisser Sijas hatte eine Compagnie Kanoniers bewogen, gegen den Convent zu agiren. Er rückte mit 8 Kanonen an. Der Convent beschloß in gesamter Zahl entgegen zu gehen. Aber schon hatte ein Convent-Deputirter mit einem Haufen National-Garden die Kanoniers anderes Sinnes gemacht. Die Kanonen wurden umgekehrt, und man zog damit gegen das Stadthaus, wo wirklich schon ein Haufen Volks beisammen war, und die Gefangnen alle sich befanden. Denn in der Dunkelheit hatten sich eine Menge von etwann 300 Mann bewafnet, den Sicherheits-Ausschuß, wo die Gefangnen waren, bestürmt, die Gefangnen befreyt, und im Triumphe aufs Stadthaus geführt. Unter ihnen befand sich auch Henriot, der General-Commandant, welcher von einem Truppe National-Garden war überwältigt, und nach dem Sicherheits-Ausschuße gebracht worden. So sehr auch die Municipalität alles durch Sturmläuten, und durch Abgesandte für sich und Robespierre in Bewegung sehen wollte, so vergeblich war alles. Der bey <852> weiten größte Theil des Volks erklärte sich für den Convent; die Straßen erschallten von dem Geschreye, es lebe der Convent! Nieder mit Robespierre, und allen Factionisten!

Als sich dieses Geschrey, mit der bewafneten Macht, und einigen Convents-Deputirten, dem Stadthause näherte, so retirirten sich die Gefangnen und ihre Anhänger aus dem großen Saale, in ein ander Zimmer. Die Convents-Deputirten liessen das Stadthaus bestürmen, und drangen in das Zimmer hinein. Hier kam es zu einem Gefechte. Le Bas erschoß sich selbst. Indem der jüngere Robespierre zum Fenster heraus sprang, und beyde Beine brach, vertheidigte sich der ältere. Er bekam eine Wunde am Kopfe, und sank. Nach einigen Nachrichten wollte er sich mit einem großen Meßer wehren, und schnitt sich selbst einen Theil des Gesichtes weg, nach andern wollte er sich mit einem Pistole erschießen, welches aber nicht gelang, noch andere Berichte sage, er sey von einem National-Garden gehauen worden, kurz, er bekam eine, so schwere, und gefährliche Wunde, daß man mit seiner Hinrichtung eilte, welche jedoch erst am folgenden Tage gegen Abend erfolgte, so daß er noch die Nacht und den Tag durch viele Schmerzen litte. Als eben vom Stadthause auf einer Tragbahre weggebracht wurde, trat ein Pariser Bürger zu ihm, und sagte: „Tyrann! es ist ein höchstes gerechtes Wesen!"

Die Gefangennehmung von ihm, und seinem Anhange war der Sieg des Convents. Er beschloß, daß Robespierre, Henriot, und all seine arretirten Anhänger sogleich dem Revolutions-Tribunale übergeben werden sollten, um ihr Todes-Urtheil, da der Convent während ausgebrochnen Tumulte sie schon für vogelfrey erklärt hatte, auf das geschwindeste, und spätestens vor Ende des folgenden Tages zu vollziehen. Die von dem Stadthause zurückkommenden Convents-Deputirte brachten ein ganz neu gestochnes Pettschaft mit 3 Lilien, welches sie auf dem Stadthaus gefunden hatten. <853> Der verwundete Robespierre wurde auf einer Trage nach dem Convente gebracht. Dieser wollte ihn aber nicht sehen, sondern befahl seine Wegführung nach dem Blutgerichte.

Während diesen Vorgängen war Legendre nach dem Clubbe der Jacobiner gegangen, mit 10 bewafneten Menschen. Er hatte einen Dolch bey sich, mit welchem er, nach wenigen Worten, auf den Präsidenten des Clubs, Vivier, losgieng, um ihn zu erstechen. Dieser aber rettete sich unter die versammelte Menge hinein, welche den Saal mit

Unwillen verließ. Legendre schloß den Klub-Saal zu, und brachte die Schlüßel in den Convent.

Die Zöglinge des Mars, die jungen Trabanten des Robespierre, waren auch durch ihre Anführer in Bewegung gesetzt worden. Sie bewafneten sich. Da aber das Volk sich für den Convent auf allen Straßen erklärte, so unternahmen sie nichts; und am folgenden Morgen bezeigten sie persönlich dem Convent ihre Ehrfurcht.

Alle diese Scenen dauerten in der Nacht hin bis um 3 Uhr des Morgens. Da um diese Zeit der Sieg des Convents vollständig war, so gieng er bis auf 10 Uhr des Morgens auseinander.

Die Hinrichtungen[20] der Gefangnen machten nicht viele Umstände, da sie fast alle schon von dem Convente für vogelfrey erklärt worden waren. Indessen dauerten doch einige Verhörungen bis Nachmittags nach 4 Uhr. Da dann wurden sie nach dem Gerichtsplatze, und

---

[20] Das Bild eines unbekannten Malers zeigt den Moment, als der Scharfrichter Sanson den Kopf des Couthon zeigt. Robespierre sitzt noch im ersten Karren, mit einer braunen Jacke und einem Tuch vor seinem Kinn/Mund, wo er verletzt war. – Fundstelle: https://gallica.bnf.fr/ark:12148/btv1b6950750j.

zwar dem Revolutionsplatze geschleppt, und endeten dort, auf dem 999Schaffotte, auf eben dem Platze, wo sie den König, die Königin, und die Prinzeßin Elisabeth hatten ermorden lassen, selbst ihr königsmördrisches Leben. Die Proceßion gi99999999999eng durch viele Straßen. Ganz Paris, mehr Volk als selbst bey der Aufopferung des Königs, war auf den Straßen, schwenkte die Hüte, und schrie, einstimmig: Ach! die Bösewichter! die Tyrannen! Es lebe die Republik, es lebe der Convent! Unter solchen Zulauf und Geschrey wurde die Execution vollbracht, die wegen des langen Zuges erst gegen 7 Uhr ganz vorbey, und Paris ruhig war.

Robespierre der ältere, {alt 35 Jahr} der Tyrann, hatte sein Gesicht mit einer Mütze bedeckt, die ganz blutig war, und die Wunde vom vorigen Tage verhüllte. Die Zuschauer konnten fast nichts von seinem Gesichte sehen. Als sein Kopf abgeschnitten war, wurde er dem Volke gezeigt, welches ein unbeschreiblich schreckliches Geschrey erschallen ließ: Es lebe die Republik! Henriot war ebenfalls mit einer Mühe bedeckt. Man wußte daß er schrecklich zerhauen war. Sein abgeschnittner Kopf wurde auch unter Freudengeschrey, dem Volke gezeigt. Eben so die Köpfe von noch einigen andern. In allem wurden am gedachten 28 Julius 22 Personen hingerichtet. Außer Robespierre, und seinem Bruder, deren Anhänger, 22 an der Zahl, nämlich

St. Just, alt 26 Jahr,

Couthon, 38 Jahr,

Henriot, 33 Jahr,

Lavalette, 40 Jahr,

Dumas, Präsident des Revolutions-Tribunals, 37 Jahr,

Fleuriot, Burgemeister von Paris, 39 Jahr,

Vivier, Präsident der Jakobiner, 50 Jahr;

12 Mitglieder von der Municipalität von Paris u.s.w.

Es ist zu bemerken, daß das nämliche Revolutions-Tribunal, welches auf Robespierres Ordre so viele Hunderte umbringen ließ, nun ihn selbst, und seinen eignen Präsidenten, umbringen ließ. – Ja! es ist ein Gott! ein höchstes, ein gerechte Wesen!

Am folgenden Tage, den 29sten Julius, wurden noch 71 Anhänger des Robespierre, worunter die meisten Mitglieder der Municipalität waren, durch die Guillotine zum Tode gebracht.

Man fuhr im Convente am 30sten Julius und in den folgenden Tagen fort, die Anhänger Robespierres zu verfolgen. Am gedachten Tage wurden wieder 12 Personen zum Tode verdamt; eine Menge andre wurden arretirt, andere, die Robespierre hatte einsetzen lasten, wurden in Freyheit gesetzt, worunter sich der berüchtigte Santerre befand.

An eben dem Tage, den 30sten Julius, erschien eine Deputation der Jakobiner vor den Schranken des <855> Convents, und bezeigte ihre Anhänglichkeit an den Convent, und daß die Sitzung am 27sten Julius, und die Beschlüße zu Gunsten Robespierres von den falschen Jacobinern herkämen. Der Präsident antwortete, daß die Jacobiner sich zwar manchmal schon hatten verführen lassen, daß sie aber in der Geschichte der Revolution unvergeßlich wären {welches freylich wahr genung ist}. Die Einflüße und heimliche Gewalt der Jacobiner war jedoch in Paris so groß, daß der Convent für gut fand, am 31 Julius, ihren Saal wieder durch eine Deputation eröfnen zu lassen. Die drey Deputirten waren Collot d'Herbois, Billaud de Varennes, und eben der Legendre, welcher am 27sten in der Nacht ihre Versamlung verjagt, und ihren Saal verschloßen hatte. Letzterer entschuldigte sich sogar, und sagte, damals waren ja die ächten Jacobiner nicht da gewesen, und er habe ja erst des Nachts um 2 Uhr ihre Versamlung getrennt. Die andern 2 Deputirten erzehlten dem Klubbe weitläuftig, was Robespierre für ein böser Mensch gewesen wäre. Aber – Niemand im Klubbe sprach. – Die Jacobiner zeigten mit finstern Stillschweigen ihre Empfindlichkeit über das was ihnen begegnet war, und – dabey blieb es vors erste.

Zur Beruhigung der Provinzen und der Armeen schickte der Convent 17 Couriere mit Proklamationen und Nachrichten von den Vorfällen in Paris ab. – Zur Veränderung der Regierung wurden neue

Mitglieder des Wohlfarts-Ausschußes – der eigentlichen Central-Regierung – ernannt, worin, wie natürlich, der Sieger Robespierres, Tallien, dessen Stelle einnahm; die andern neuernannten Regenten waren der längst berüchtigte Thuriot, ferner Treillard, Breard, Eschaßeriaux, und Laloi, alle bekannte anarchistische Republikaner.

Aus allem erhellt, daß nur eine Faction die andre gestürzt hat, um, nach der bisherigen Weise der göttlichen Strafgerechtigkeit, einen Factionisten durch den andern strafen zu lassen; und auch die neue herrschende Faction scheint nicht von dauerhafter Complexion zu seyn, wenigstens nicht in der Verbindung wie sie jetzt ist. <856> Für die Ausländer, und in Absicht des Kriegs ist durch die neue Pariser Revolution noch nichts gewonnen. Aber die neuen weitern Erfolge müssen endlich das wahre Heil herbey führen. – Für das Innere von Frankreich, und für die Menschheit überhaupt bleibt es immer ein Trost, ein Gewinn, daß ein solches Ungeheuer nicht mehr ist, wie Robespierre war; von dem noch hiernächst eine Schilderung und Grabschrift folgt.

Schilderung des Robespierre

Stück 8, # 05, Seite 856 ff

Noch ist wohl nie über einen Bösewicht so viel gesprochen und geschrieben worden, als über den, nun endlich nach Verdienst bestraften, Robespierre. Aber auch noch nie hat ein Ungeheuer unter den Menschen die satanische Bosheit so weit getrieben, noch nie war ein Mensch ein so tausendfältiger Mörder – noch nie hatte der kühnste Bösewicht den unglaublichen Gedanken gehabt, eine ganze Menschengeneration umzubringen. Traurig und beschimpfend ist es für die Menschheit, daß man sagen muß, dieses Ungeheuer fand dennoch Freunde und Helfershelfer, die seine Plane beförderten, sich zu Werkzeugen von ihm brauchen liessen, und doch selbst immer die ersten waren, welche seine Arglist aufopferte, sobald sie ihre Dienste geleistet hatten.

Wir haben dieses würdigen Neffens des Königs-Mörders Damien, welcher Ludwig den XV. ermorden wollte, geboren zu Arras 1759, schon so oft in unserm Journale erwähnt und nach den unläugbarsten Thatsachen geschildert, haben alle seine Schritte zu dem Ziele seiner Bosheit angezeigt; man vergleiche im vorigen Jahrgange des Journals S. 42, 59, 109, 118 ff, 619, 1044, 1101, 1241, 1291, 1300, 1302, und die biographischen Anekdoten von demselben im 12ten Monatsstücke S. 1252 ff., und haben, besonders im 3 und 4 Stück <857> dieses Jahrs S. 253 ff und S. 343, sein teuflisches Projekt, welches er vorhatte, nach den untrüglichsten Bemerkungen aufgedeckt, so daß unsre Leser den Unmenschen schon hinlänglich kennen, und im Stande seyn werden, die Wahrheit des obigen Urtheils über ihn nach den vor Augen liegenden schrecklichen Thatsachen zu prüfen. Hier wollen wir aber als eine Leichenrede noch folgende Schilderung von ihm, aus einem Englischen Blatte unsern Lesern mittheilen.

„Dieser Mensch, den ein erstaunenswürdiges Glück und eine ganz außerordentliche Verknüpfung der Umstände, mitten durch die Gefahren einer Revolution, deren Urheber und Beförderer alle gestürzt wurden, fast bis auf den Gipfel der Souverainität erhob, schien von der Natur zu einem unbedeutenden Advocaten bestimmt zu seyn. Er selbst sagte auch noch im Jahre 1788: Das höchste was ich mir wünschte, wäre die Stelle eines General-Procurators bey dem Parlamente zu Paris; wie viel wollte ich dann von mir zu reden geben! – Eine solche Stelle schien ihm die Mittel zur Befriedigung seines brennenden Ehrgeitzes, dem er alles aufopferte, an die Hand zu geben. Hieraus kann man nun auch schon urtheilen, aus welcher Ursache er Mitglied der allgemeine Stände geworden ist.

Hier zeigte er sich sogleich wie einen Unsinnigen. Seine Talente wurden in dieser Versamlung sehr gering geschätzt. Und er wurde ganz vergeßen, als er dieselbe verließ, um eine Stelle bey dem Criminal-Gerichte anzunehmen. Aber auch diese Stelle gab er bald wieder auf, noch ehe er seine Amtsverrichtungen wirklich angefangen hatte, und setzte hierdurch seine Bürgertugend auf einige Zeit in Verdacht. Er schloß sich immer an die Parthey der Jacobiner an, und führte beständig die Republik im Munde, die er doch im Herzen nicht wünschte: in der That aber verließ er die Monarchie nicht eher, als bis dieselbe am 10 August aller ihrer Stützen in Paris beraubt wurde. Es ist zuverläßig gewiß, daß er an den <858> abscheulichen Begebenheiten dieses Tages, welche Petion, Manuel und Kersaint vorbereiteten, um das Ansehen des Königs völlig zu stürzen, indem sie das Ministerium aufhoben, wenig Antheil hatte. Während dieser entscheidenden Periode ließ sich Robespierre gar nicht sehen: und man hat ihm nachher oft über die Vorsichtigkeit, mit welcher er sich aus den Gefahren zurückgezogen hatte, Vorwürfe gemacht. Aber an den Mordscenen des 2ten Septembers hatte er den größten Antheil. Seinen Charakter verrieth er durch den sinnlosen Widerspruch, daß er im Julius 1792 behauptete, die repräsentative Regierung und die monarchischen Formen sind die einzigen, die für ein so weitläuftiges und so altes Reich als Frankreich, paßen – und im folgenden September die Parthey Brißots aus den Händen des Abbe Sieyes das Decret empfangen ließ, durch welches Frankreich in eine Republik verwandelt wurde.

Nach dem Rückzuge der alliirten Armeen im Octob. 1792 scheint Robespierre seinen Plan erst entworfen zu haben; wenigstens ließ er ihn damals zuerst blicken, und verlor ihn auch seitdem nicht wieder aus den Augen. Die Ermordung seines Königs schien ihm zu der Befriedigung seiner Ehrsucht unumgänglich nothwendig: daher war er es auch, der am meisten dieselbe bewirkte. Ehen so gewiß ist es, daß eben Er, als er nachher die Macht seiner Gegner bemerkte, die Brisiotiner zu der Appellation an das Volk unaufhörlich aufforderte, und zugleich die Jacobiner zu der Verfolgung der Brißotiner aufhetzte. So benutzte er mit der größten Schlauigkeit alle Umstände und Schwächen, und indem er die Revolution mit den abscheulichen Frevelthaten betrieb, suchte er sich beständig in den Tribunen der Jacobiner Anhänger und Helfershelfer anzuwerben.

Robespierre hatte einen schwachen kränklichen Körperbau, und eine finstere Physio[g]nomie. Die Farbe seines Gesichts war gelblich, seine Augen waren schwach und kurzsichtig, und seine Stimme kaum hörbar. Er besaß keinen von den körperlichen Vorzügen, welche den großen <859> Haufen einnehmen und verführen. Er hatte außer dem Ehrgeize und der Herrschsucht, fast gar keine Leidenschaft, oder wenigstens verbarg er diejenigen mit der größesten Verstellungskunst, welche die Volksgunst hätten vermindern, oder der Ausführung seiner Plane hätten hinderlich seyn können. Vor den Augen des Volks nahm er den Charakter der Unbestechbarkeit an, und hierdurch rettete er sein Ansehn und seinen Einfluß bey den Angriffen der Brissotiner und der Gemeinde von Paris. Er stellte sich ganz beschäftigt mit den Verrichtungen die ihm als Mitglied des Wohlfartsausschußes und des Jacobiner-Clubs auflagen; und gab sich so das Ansehen eines Menschen, der gar keine Ansprüche macht. Diese Bescheidenheit bey seinen Siegen über seine Gegner, diese scheinbare Zurücksetzung seiner Person, und die Dunkelheit seines Privatlebens erhielten ihn so lange im Besitze der Volksgunst. Er lebte ganz auf die Art wie 1790, hatte keine seiner Manieren, keine seiner Neigungen abgelegt, nicht einmal verändert. Geschützt durch das Volk, dessen Ausschweifungen er immer begünstigte, redete er nur wenig und nur bey auffallenden Gelegenheiten, lauerte aber beständig auf die Fehltritte seiner Gegner, und besonders auf die Begebenheiten des innern und auswärtigen Kriegs, und als er bemerkte, daß die Brissotiner nicht mehr wagten die Revolution zu vollenden, sobald er sahe, daß sie nur zitternd die Schaffotte aufrichteten, die ihre Macht befestigen sollten, so stellte er sich augenblicklich an die Spitze der Revolution, und setzte nun ihren listigen Maaßregeln und ihren Anschlägen die ganze Macht und die Verwegenheit der Jacobiner entgegen. Robespierre allein hat alle die Begebenheiten vom 31 Mai, vom 1 und 2 Junins 1793, wodurch er den Convent und ganz Paris in seine Gewalt bekam, angestiftet.[21] <860>

Gleich im Anfänge seiner neuen Laufbahn verband er sich mit dem Tollhäusler Marat, dessen unvernünftige Grundsätze und Maximen den größten Einfluß auf das Volk hatten, indem er das Volk

---

[21] »Der National-Convent und die Thuillerien waren 3 Tage hindurch mit 70,000 bewafneten Menschen umringt; und die Mitglieder der Brissot-schen oder der Gironde-Parthey, die nach dem Decret in das Gefängniß geführt werden sollten, giengen einer nach dem andern mitten durch die Glieder durch.«

unaufhörlich zum Morden und Plündern anreizte. Robespierre erklärte sich für den Freund dieses eben so gefährlichen als unwissenden Menschen: und als die Brissotiner alle ihre Macht aufboten, um den Marat vor das Revolutions-Tribunal zu bringen, so war es Robespierre der ihn dahin brachte, daß er seine unterirdische Wohnung[22] verließ; und wirklich als Beklagter vor dem Tribunale erschien, und er veranstaltete auch den Triumph, mit welchem Marat wieder in den Convent zurückkehrte. Aber in eben diesem Augenblicke beschloß Robespierre auch den Untergang seines Freundes Marat.

Man hält es allgemein für eine ausgemachte Wahrheit, daß Robespierre dem Marat Gift beygebracht habe, um ihn aus dem Wege zu räumen,[23] da dieser sich die allgemeine Gunst des Volks erworben hatte, um diese Volksgunst auf sich selbst allein zu lenken, um alsdann diejenige Parthey bey dem Volke verhaßt zu machen, deren Häupter er noch nicht anzutasten und den Tribunalen zu überliefern wagte. Bekanntlich aber wurde Marat ermordet, ehe das Gift ihn auszehrte.

Hebert mußte auf Verlangen des Robespierre über den Atheismus schreiben: des Gobets bediente er sich zum Werkzeuge um die katholische Religion bis auf die letzten Spuren auszurotten: und durch den Camille Desmoulins <861> ließ er wieder Schonung und Toleranz ankündigen: und nachdem diese 3 ihre Dienste geleistet hatten, schickte Robespierre alle 3, den Hebert, Gobet und Camille Desmoulins unter die Guillotine, weil er allein dem Französischen Reiche ein neues Religionssystem wiedergeben, aber demselben nicht eher als nach völliger Unterwerfung die Ruhe gönnen wollte. Auf eben die Art stürzte er alle bisherige Ordnung um, damit der Gehorsam der Nation bey jeder anscheinenden Wiederherstellung ihrer Rechte durch Dankbarkeit befestigt würde.

---

[22] »Marat hat in einer Zeit von 4 Monaten 3mal in einem Gewölbe unter der Kirche der Cordelier gewohnt, und von hier aus ließ er alle Morgen sein aufrührerisches Blatt, der ›Volksfreund‹ [›L'Ami du peuple‹], unter dem Volke verbreiten.«

[23] »Diese schändliche That, die durch einen vertrauten Freund des Marat bekannt geworden ist, kann nicht bezweifelt werden, da man alle erforderlichen Beweise für die Wahrheit derselben hat; Marat selbst war vor seinem Ende überzeugt, daß das Gift, welches ihn verzehrte, ihm von Robespierre beygebracht worden sey.«

Danton aber verursachte dem Robespierre lange Zeit eine große Besorgnis. Danton strebte eben sowie dieser nach der Alleinherrschaft von Frankreich, und seine Hofnungen zu der Diktatur gründeten sich auf seine Verschlagenheit, und auf seinen in allen Gefahren unerschütterlichen Muth. Robespierre verschafte ihm das Glück in Belgien, und hofte daß eine so verführerische Macht ihn bald zu irgend einem Verbrechen verleiten und Gelegenheit zu einer Anklage gegen ihn geben würde. Rastlos arbeitete er an dem Untergange dieses Nebenbuhlers, behielt aber immer die Maske der innigsten Freundschaft bey: und indem er ihn selbst einlud eine Stelle im Wohlfahrts-Ausschuße anzunehmen, bewirkte er eben in diesem Ausschuße den Arrestbefehl, die Anklage-Acte und das Todesurtheil gegen ihn. In 9 Tagen gelang es ihm, diesen mächtigen Gegner zu stürzen.

Die so gefährliche und hohe Stelle nach welcher Robespierre strebte, war für ihn, der von der Natur nur ein gewöhnliches Genie erhalten hatte, und keines von den Talenten besaß, durch welche solche Revolutionen hervorgebracht, geleitet oder beendigt werden können, viel zu erhaben und unerreichbar: aber durch die Furcht, welche er um sich her verbreitete, und durch den Sieg über alle seine Gegner die sich ihm widersetzten, hatte er sich mächtig gemacht. Grenzenlose Rachgier, Stolz und Eigenliebe beherrschten ihn. Seine Parthey ward gänzlich von dem Abte Syeies[!], dem gefährlichsten aller Bösewichte, geleitet. Stets furchtsam und <862> mißtrauisch, ohne Freunde und ohne alle Zuneigung zu irgend einem Wesen außer sich, opferte Robespierre alle diejenigen auf die ihm gedient hatten, oder die es wagten seine Plane aufzudecken. Den Abt Syeies selbst, den er das Patriarchat in seiner neuen Religion zugedacht hatte, würde er haben hinrichten lassen, so bald er ihm nicht mehr nützlich gewesen wäre, und ihm gefährlich geschienen hätte. Laclos, der seit 6 Monaten seiner Verbrechen wegen im Gefängniße saß, verfertigte alle die Reden die Robespierre hielt, und glaubte dadurch seine Freyheit zu erlangen: auch der Abt Gregoire diente ihm mit einem unermüdeten Eifer.

Das Ziel welches sich Robespierre vorgesetzt hatte, war kein anders, als sich zum Souverain zu erheben: nur wagte er es bisher noch nicht diesen Namen anzunehmen. Schrecken und Furcht vergrößerte er täglich bey dem Volke. Schon war er unumschränkter Herr des Reichs, und weit mächtiger als Cromwell, da dieser das Parlament aufhob: denn der National-Convent selbst sicherte und vergrößerte seine Gewalt, indem er selbst aus Furcht die von dem Volke erhaltene Sanction zu den Füßen des Robespierre niederlegte. Alle Zweige der Macht waren so sehr in seinen Händen, daß es fast unmöglich schien sie ihm wieder zu entreißen. Eine besondere ausgezeichnete Wache hatte er indessen noch nicht, weil er überhaupt allen auffallenden Glanz noch vermied; aber die jungen Zöglinge der Mars-Schule waren insgeheim seine Trabanten. Die Anschaffung der Lebensmittel setzte ihn bey weiten nicht in die Verlegenheit als man glaubte. Bey den Armeen sorgte er immer für Ueberfluß, und erlaubte ihnen die vollkommenste revolutionelle Insubordination: und hierdurch eben wurden die Armeen so zahlreich. Das Innere des Landes hielt er durch Plünderungen und durch Verbrechen aller Art in der Sclaverey. Die Palläste und Kirchen waren seine Arsenale: und alle seine Mitbürger waren seine Soldaten. Aber der Augenblick kam endlich heran, da sie nicht mehr seine Sklaven, sondern seine gerechten Richter waren. <863> Nachstehende Grabschrift auf ihn, ist uns schon im vorigen Monate, da man seinen Sturz noch nicht so nahe glaubte, von einem weit entfernten Orte, zugesandt worden.

„Vermischt mit dem Staube der Getödteten liegen hier die verächtlichen Ueberbleibsel des Maximilian Robespierre, eines Einwohners von Frankreich, welcher durch Mord, Raub, Verrath, Grausamkeit und Unterdrückung, in einem kritischen Zeitpuncte sich zur öffentlichen Bekanntschaft emporhob, und in kurzer Zeit der grausamste Tyrann wurde, welchen die Welt jemals gesehen hat. Es gab keine Art des Verbrechens gegen seinen König, seinen Gott, und sein Vaterland, welches er nicht auf kurze Zeit ungestraft verübt hätte. Er zeigte sich als Christen, Gottesleugner oder Deisten, je nachdem es den teuflischen Grundsätzen seiner Seele schicklich schien. Sein großer Gegenstand war wilde Macht; seine Fußstapfen, den Thron des Despotismus zu ersteigen, waren mit dem unschuldigen Blute Vieler tausend ermordeten Schlachtopfer gezeichnet. Er nahm die Maske des Macous Brutus, um die Gesinnungen eines Nero, und die Wuth eines Caligula zu verbergen; er heuchelte den Patriotismus eines Cato, indessen seine Brust mit aller boshaften Rache eines Catalina kochte: Er hatte keinen Begriff von Ehre, war ein Fremdling in den Lehren der Wahrheit. Tugend und Laster waren ihm gleichbedeutende Ausdrücke, um sie nach Gelegenheit für die Wirksamkeit der Heucheley und schwarzer Bosheit zu gebrauchen. Er hatte keinen Freund in der Welt, und war ein Feind aller Menschen. Das Schrecken der Guillotine machte ihn auf eine Zeit furchtbar. Sein Sturz zerriß die Ketten vieler tausende: sein Tod wurde ihr Leben. Er sank von seinem blutigen Throne, und die gepreßte Brust der Menschheit athmete freyer. Der Wille der Vorsehung hatte ihn als das Werkzeug ausgezeichnet, die Einwohner von Frankreich zu züchtigen, daß sie ihren Könige und Königin auf eine <864> so boshafte Art hatten ermorden lassen Aber zum Beweis daß er nur Geißel der göttlichen Strafe war, ließ der Allmächtige ihn als ein öffentliches Opfer der gerechten Rache eines beleidigten Volkes fallen."

Anhang

Digitalisate

BSB München

1789,1	Eph. Pol. 50-1789,1	urn:nbn:de:bvb:12-bsb10541424-0
1789,2	Eph. Pol. 50-1789,2	urn:nbn:de:bvb:12-bsb10541425-5.
1790,1	Eph. Pol. 50-1790,1	urn:nbn:de:bvb:12-bsb10541426-1
1790,2	Eph. Pol. 50-1790,2	urn:nbn:de:bvb:12-bsb10541427-6
1791,1	Eph. Pol. 50-1791,1	urn:nbn:de:bvb:12-bsb10541428-1
1791,2	Eph. Pol. 50-1791,2	urn:nbn:de:bvb:12-bsb10529212-6
1792,1	Eph. Pol. 50-1792,1	urn:nbn:de:bvb:12-bsb10629213-2
1792,2	Eph. Pol. 50-1792,2	urn:nbn:de:bvb:12-bsb10629214-7
1793,1	Eph. Pol. 50-1793,1	urn:nbn:de:bvb:12-bsb10541429-2
1793,2	Eph. Pol. 50-1793,2	urn:nbn:de:bvb:12-bsb10541430-4
1794,1	Eph. Pol. 50-1794,1	urn:nbn:de:bvb:12-bsb11040200-4
1794,2	Eph. Pol. 50-1794,2	urn:nbn:de:bvb:12-bsb10541432-5
1795,1	Eph. Pol. 50-1795,1	urn:nbn:de:bvb:12-bsb10541433-0
1795,2	Eph. Pol. 50-1795,2	urn:nbn:de:bvb:12-bsb10541434-5

Im Text namentlich genannte Personen, die durch die Guillotine in Paris oder Lyon hingerichtet wurden[24]

Amiral
Barbaroux
Bazire

---

[24] Siehe auch https://de.wikipedia.org/wiki/Liste_während_der_Französischen_Revolution_hingerichteter_Personen; ihre Gesamtzahl wird mit über 20,000 angegeben; ebd.

Biron
Brissot
Broglie, Sohn
Chabot
Chaumette
Cloots
Collot
Cordet
Couthon
Custine, Sohn
Custine, Vater
Danton
Desmoulins
Dietrich
Dietrichsen
Dumas
Eglantine
Epresmenil
Fleuriot
Frey
Gobet
Gouttes
Guadet
Hebert
Herault
Heße
König Ludwig XVII.
Königin Marie Antoinette
la Borde
la Croix
la Harpe
Lavalette
le Brun
Linguet
Luckner
Momoro

Mouchy
Pelletier
Prinzessin Elisabeth
Regnault
Robespierre, der jüngere
Robespierre, Maximilien, der ältere
Ronsin
Salles
Santerre
Schneider, Eulogius
St. Just
Vincent
Vivier
Westermann

Literaturverzeichnis

de Lamartine, A. *Portraits-Vignettes pour l'Histoire des Girondins.* Paris: Furne, 1847.

Denkwürdigkeiten aus dem Leben Maximilians Roberspierre … 1795: Steinkopf, Stuttgart.

Flörken, Norbert. *Die französischen Jahre in Bonn 1794-1814. Ein Lesebuch, 2. Auflage.* Bonn: Kid Verlag, 2017.

Flörken, Norbert, Hrsg. *Eulogius Schneider. Predigten, Schriften, Dokumente. 1783-1794.* Bonn: BonnBuchVerlag, 2020.

Flörken, Norbert, Hrsg. *Staatsakte und Leichenfeier zu Ehren des Generals Hoche 1797.* Norderstedt: Books on Demand, 2017.

Maximilian Roberspierre an Bertrand Barrere, als er ihm die Abschrift seines Briefes … 1794.

Reise von Mainz nach Kölln im Frühjahr 1794 in Briefen. Köln: Hammer, 1795.

Soboul, Albert. *Die Grosse Französische Revolution.* Frankfurt/Main, 1973.

Index

A

Aachen 82
Abscheu 69, 76, 96
Adel 7
Aix 103
Ami du peuple 138
Amiens 97
Amiral 102
Anarchie 7, 30, 48, 52
Angers 19
Aristokraten 19, 20, 119, 123
Aristokratie 94, 115
Arras 84, 135
Artois 63
Assignaten 112, 114
Aßignaten 45, 49, 53
Ath 86
Autun 85
Auvergne 19
Avignon 100

B

Bailly 51, 53
Baisieux 64
Bann 117
Barbarey 34
Barbaroux 113
Barrere 19, 24, 39, 40, 55, 58, 59,
    61, 66, 75, 81, 84, 85, 95, 97,
    102, 103, 110, 112, 114, 120,
    121, 123, 125, 127
Basel 38, 90

Bayeux 106
Bazire 83
Beauharnois 124
Beaulieu 64
Bergzabern 14, 15
Berlin 21, 28
Bern 25, 100
Billaud 97, 126, 127, 133
Bingen 16, 27
Biron 21
Blutgericht 93
Böhmen 39
Bordeaux 19, 36, 45, 62, 113, 127
Bouchotte 24, 71, 73, 77
Bouillé 9
Bourdon 24, 35, 57, 77, 105, 114,
    115, 127
Brabant 53, 64
Bravo 29
Breard 134
Brest 30, 62
Bretagne 20, 41, 61, 62, 85, 95,
    106
Brienne 55
Brissot 137
Brodt 82, 85
Broglie 113
Brüssel 113
Brutus 126, 140

C

Caen 25, 106
Caligula 91, 119, 141
Cambon 114, 126

Cambresis 87, 89
Carriere 62
Catilina 119
Chabot 83
Chalons 9
Champagne 20
Chaos 7
Charette 42, 108
Charrier 108
Chatelinau 108
Chaumette 73, 76, 85
Cherbourg 25
Chevallerie 108
Chilleau 108
Cholet 42
Chouans 106, 107
Clerfait 64
Clermont 9
Cloots 24, 71, 73, 76
Club 50
Clubbisten 71
Collet 102
Collot 24, 60, 99, 102, 120, 127, 133
Complott 35, 76, 84, 124
Conciergerie 93
Condé 10, 41, 123
Conspiration 81
Contre-Revolution 36, 40, 62, 85, 106, 115, 121
Cordelier 54, 56, 57, 58, 59, 60, 71, 72, 77, 83, 94, 138
Couthon 41, 74, 122, 124, 127, 128, 132
Credit 12
Cromwell 140
Custine 21

D

Dampiere 47
Danton 23, 66, 71, 72, 74, 78, 79, 80, 81, 82, 83, 139
de Langara 33
Delmas 127
Demagogen 40, 99, 100
Demokratie 99
Deputirte 19, 35, 58, 130
Descharte 108
Desertion 47, 63
Desforges 84
Desmoulins 24, 34, 58, 66, 71, 72, 79, 81, 82, 138
Dieppe 61, 62
Dietrich 21
Dietrichsen 83
Dillon 84
Dornik 64
Douai 84
Drouet 9, 10, 11
Dufourny 39, 84
Dumas 132
Dumourier 53, 68

E

Egalité 49
Eglantine 24, 57, 83
Ehre 50, 141
Eigenthum 41, 49, 111
Elisabeth 11, 91, 93, 132
Elsaß 13, 17, 38, 45, 95, 111
England 41, 53, 63, 102
Epresmenil 92
Eulogius 85
Exceßen 49

F

Flandern 41, 47, 63, 84, 86, 95,
   109
Flotte 37
Fort-Louis 28
Fouquier 75
Frankenthal 16, 43, 90
Frankfurt 43
Frechheit 81
Freundschaft 23, 60, 139
Frey 83

G

Gährung 7, 55, 56, 67, 115, 119
Gazette de France 20, 40
Gefängniß 34, 78, 85, 128, 137
Germersheim 27, 28, 43
Gesellschaft 3
Getreide 111
Gift 56, 138
Gironde 137
Girondisten 25, 121
Glaz 11
Gleichheit 53, 56, 94, 99, 112, 114
Gobet 85, 138
Goethe 3
Gouttes 85
Gregoire 139
Guadet 113
Guise 64
Guntersblum 17

H

Haag 112
Hagenau 17
Hamburg 3

H (Fortsetzung)

Hebert 24, 34, 58, 70, 71, 73, 74,
   76, 77, 78, 80, 85, 138
Heidelberg 16, 64
Henriot 59, 78, 115, 121, 124, 126,
   127, 128, 129, 130, 132
Herault 24, 75, 83
Herbois 24, 60, 99, 102, 120, 127,
   133
Heße 86
Heßen 39, 86
Hinrichtung 20, 83, 91, 122, 130
Hoche 13, 16
Hochzeit 3
Hohenlohe 26, 43, 64
Holland 53, 69
Holstein 3
Homburg 90
Hood 37
Hotze 14, 26
Hunsrück 43

I

Inquisition 108
Insurrection 58, 60
Intriguen 69

J

Jacobiner 19, 24, 34, 35, 44, 50,
   54, 55, 57, 60, 61, 71, 72, 92, 94,
   99, 110, 115, 119, 120, 121, 125,
   129, 130, 133, 135, 136, 137
Jakobiner 44, 128, 132, 133
Jaquelin 108
Jersey 105
Johann 3
Jourdan 100, 112
Journal 1, 3, 7, 8

K

Kalkstein 16
Kanonen 16, 37, 73, 89, 111, 116,
    117, 124, 129
Kellermann 75
Koburg 58, 63, 87, 88

L

la Borde 92
la Croix 79, 104
la Harpe 85
la Roche 108
la Tour 89
Laclos 139
Landau 12, 13, 17, 26
Lauterburg 16, 17
Lautern 14, 117
le Brun 20
le Cointre 105
Lebensmittel 101, 106, 140
Legendre 79, 130, 133
Lilien 130
Limousin 19, 62, 85
Linguet 113
Lisieux 106
Livorno 30, 37
Loire 19, 60, 62
London 37, 86
Lothringen 45, 95
Luckner 21
Ludwig 96, 108, 135
Lüttich 20
Luxemburg 128
Lyon 18, 19, 20, 36, 45, 62, 73, 84,
    122

M

Mainz 16, 27, 43
Malesherbes 92
Manie 95
Manifest 107, 108
Mannheim 16, 28, 43, 64, 90
Manuel 136
Marat 58, 137, 138
Marine 19, 37, 38
Marseille 36, 84, 103
Mastricht 53
Matrosen 37
Menschlichkeit 70, 118
Merigny 108
Merlin 128
Mirabeau 49, 50, 51
Möllendorf 28, 43
Momoro 85
Mord 21, 77, 91, 96, 102, 121, 140
Mörder 100, 126, 128, 134
Mortagne 85
Mosel 12, 63, 89
Mouchy 113
Mulatten 41
München 2
Muth 69, 139
Mütze 132

N

Nantes 19, 44, 60, 105
National-Garde 14, 55, 59, 78, 83,
    121, 128, 129, 130
National-Schatz 41, 101
Navarra 107
Neapel 102
Necker 46, 56
Neger 41
Nero 91, 141

Nismes 62
Noirmoutier 24
Normandie 20, 25, 41, 62, 106

O

Oder 59
Oppenheim 16, 27
Orleans 19, 49
Otto 89

P

Pache 24, 73, 75, 77
Palais Royal 82
Pantheon 82, 124
Paré 84
Patriotismus 32, 79, 141
Payne 24
Pelletier 18, 92
Pethion 25
Philippeaux 57, 79
Picardie 20
Pichegru 13, 63, 87, 103
Pitt 58
Pöbel 50
Poitou 62, 85, 95, 105
Polen 122
Portal 2
Preches 108
Preußen 14, 15, 16, 21, 27, 39, 43,
    64, 116, 117
Priester 30, 56, 93, 97, 123
Provence 31, 32, 33, 62

R

Regensburg 43
Regent 32, 73
Regnault 102

Rennes 19, 106
Rhein 12, 16, 17, 26, 27, 43, 63,
    90, 117
Rheinfels 86
Richter 18, 75, 81, 94, 140
Robespierre 23, 29, 35, 44, 48, 49,
    50, 51, 52, 53, 54, 58, 66, 67, 68,
    71, 72, 73, 74, 77, 78, 79, 81, 82,
    84, 91, 93, 94, 95, 96, 97, 98,
    100, 101, 102, 104, 109, 110,
    111, 114, 115, 116, 118, 119,
    120, 121, 122, 123, 124, 125,
    126, 127, 128, 129, 130, 131,
    132, 133, 134, 136, 138, 139,
    140
Rochefort 30
Rohan 21
Rom 125
Ronsin 58, 70, 73, 76
Rüchel 16
Rückzug 14, 53, 116
Ruhe 13, 51, 116, 127, 138
Ryßel 84

S

Saarlouis 90
Sachsen 65, 90
Salles 113
Salpeter 39
Sambre 89
Santerre 85, 133
Sauce 10, 11
Saumur 19, 62
Schandfleck 103
Schlesien 11
Schneider 85, 113
Schweiz 25
Scipio 30
Sclaverey 48, 108, 140

Sechelles 24, 75, 83
Sens 111
September 7
Sieyes 136
Simon 42, 84
Speyer 15, 28, 43
St. Antoine 114
St. Florent 61
St. Just 56, 74, 80, 97, 122, 124,
   126, 127, 128, 132
St. Malo 95
St. Menehoud 9
St. Quentin 64
Strasburg 21, 62, 84, 85
Szeculi 16

T

Tallien 104, 114, 115, 119, 124,
   126, 127, 134
Temple 42
Theurung 56
Thionville 128
Thuriot 134
Todesstrafe 21, 111
Todes-Urtheil 28, 76, 81, 82, 94,
   130
Toulon 19, 24, 30, 31, 32, 33, 36,
   37, 38
Tours 42
Tribunal 73, 82, 104, 113, 119,
   132, 138
Tumult 114, 128
Turin 102
Tyrannen 40, 48, 84, 91, 96, 101,
   108, 126, 132
Tyranney 18, 28, 34, 36, 75, 78,
   79, 91, 96, 98, 104, 109, 113,
   125, 127

U

Ungarn 39
Unterdrückung 79, 140

V

Valenciennes 41, 64, 86, 88
Vannes 106
Varennes 9, 10, 11, 126, 127, 133
Vendée 24, 45, 61, 62, 83, 95, 98,
   105, 108
Verbrechen 19, 81, 83, 103, 119,
   139, 140
Vergennes 124
Verlust 85, 89
Verluste 12, 15, 17, 28, 103, 117
Vincent 58, 70, 73, 74, 76
Völkerrecht 95

W

Waffenstillstand 40
Weißenburg 15, 17, 26
Westermann 83
Widerstand 17
Wien 13, 86
Wilhelm 3
Wittwen 92
Wohlfahrts-Ausschuß 13, 98, 118,
   139
Worms 16, 17, 27, 28, 43, 90
Würde 35, 69
Wurmser 13, 17, 26
Wuth 34, 61, 83, 103, 117, 128,
   141

Y

York 63, 88, 103

Z

Zürich 25

Zweybrücken 90, 117